Hannes Bäuerle

Raumproben

Aktuelle Materialien für Architektur und Design

00.00 INHALTSVERZEICHNIS

00.01 MATERIALINDEX

01 AUFFALLEND OPTISCH 018-043

02 DOPPELT FUNKTIONAL 046-075

05 LUFTIG LEICHT

06 BRILLANT BEARBEITET

07 STARKE STRUKTUREN 176-203

08 FUGENLOSE FANTASIEN 206-229

09 SCHUETZENDE HUELLE

10 BEWUSST BIOLOGISCH

RAUMPROBEN VON RAUMPROBE

Materialien begeistern und wecken Emotionen, sie umgeben uns auf Schritt und Tritt, werden von uns besessen und befühlt, bei Gefallen gelobt oder nach Versagen beschimpft. Lange Zeit kam die Menschheit mit nur sehr wenigen unterschiedlichen Werkstoffen aus, die waren allerdings so prägend, dass sogar Geschichtsepochen danach benannt wurden – von der Steinzeit bis hin zur Eisenzeit. Die moderne Forschung hat dem jedoch ein Ende gesetzt – in der heutigen Zeit existiert eine nahezu unendliche Vielzahl an unterschiedlichsten Werkstoffen. Diese paradiesischen Zustände eröffnen dem Gestalter ganz neue Möglichkeiten, stellen ihn aber auch vor große Herausforderungen.
In der Architektur und im Design sind viele bahnbrechende Entwicklungen und Entwürfe mit dem Einsatz neuer Materialien eng verbunden. Um allerdings von den neuesten Entwicklungen und der Vielfalt profitieren zu können, müssen diese bekannt sein oder im richtigen Moment gefunden werden. Eine bislang sehr zeitaufwändige und mühselige Aufgabe. Genau an diesem Punkt setzt jetzt das junge Unternehmen raumPROBE an, das von Hannes Bäuerle und Joachim Stumpp gegründet wurde. Das unübersichtliche Materialangebot wird von dem Spezialistenteam gefiltert und für den Materialinteressierten bedarfsorientiert aufbereitet.

Seit Anfang 2005 bietet raumPROBE in Stuttgart eine öffentlich zugängliche Ausstellung, in der zahlreiche Materialien in Form von Handmustern präsentiert werden. Die Materialsammlung gibt einen umfangreichen Überblick über neueste Entwicklungen, aktuelle Kollektionen und altbekannte Klassiker. Gestalter und Planer können vor Ort recherchieren und sich durch die Vielfalt inspirieren lassen. Neben der Materialausstellung bietet das Unternehmen noch weitere innovative Dienstleistungen an, wie z.B. die Beratung für Büros und Unternehmen bei Materialfragen oder die gezielte Suche nach dem passenden Werkstoff in Form eines „Material-Find-Service".
Das hier vorliegende Buch ist im Zuge der faszinierenden Arbeit und Auseinandersetzung mit Materialien, speziell

für Architektur und Design entstanden. Die präsentierten Materialien bieten eine gezielte Auswahl aktueller und spannender Werkstoffe. Geboten wird allerdings mehr als ein reiner Materialkatalog, in dem neue Entdeckungen, Erfindungen und aktuelle Produkte aufgelistet sind. Alle Materialien werden durch Fotos der Muster und zusätzliche Referenzbeispiele veranschaulicht. Durch diese Art der Darstellung kann der Betrachter sich ein besseres Bild über das vorgestellte Material verschaffen und findet Beispiele sowie Anregungen für deren Einsatz und Verwendungsmöglichkeiten.

Um die Materialwelt inhaltlich zu strukturieren, können sie nach den unterschiedlichsten Methoden sortiert werden. Weit verbreitet ist die Einteilung nach Rohstoffen oder der Art der Verwendung. Die in diesem Buch angewendete und erprobte Einteilung leitet sich aus zahlreichen Fragen an raumPROBE ab. Nach sorgfältiger Filterung haben sich dabei klare Kernthemen herauskristallisiert, die sich jetzt in den einzelnen Rubriken wiederfinden.

Die vorgestellten Materialien verdeutlichen aber noch einen anderen Aspekt: Es muss nicht immer das neueste Hightechprodukt sein, auch altbekannte Werkstoffe erleben mit neuen Verarbeitungstechniken oder innovativen Anwendungsbereichen eine erfreuliche Wiederbelebung. So wird es auch in Zukunft auf dem Gebiet der neuen und „alten" Materialien noch viel zu entdecken und zu experimentieren geben!

Hannes Bäuerle
raumPROBE, Stuttgart

FORM FOLLOWS MATERIALS?

Auf der Suche nach neuen Wegen der Gestaltung stellt sich unweigerlich auch die Frage nach neuen, außergewöhnlichen Materialien. Für den modernen Designer oder Architekten ist es nahezu ein Muss, sich permanent über innovative Werkstoffe und Fertigungsverfahren auf dem Laufenden zu halten, um neue Märkte zu erschließen und seine Kunden bestmöglich zu begleiten.
Ein hoher Anspruch, der keineswegs immer leicht einlösbar ist. Zwar bieten sich vielfältige Suchmöglichkeiten – zum Einsatz von Silikonpads für Bürostuhle bin ich selbst zum Beispiel nicht etwa im Designkontext, sondern auf medizinischen Fachmessen angeregt worden. Doch das geeignete Material zu finden, gleicht trotzdem oft der berühmten Suche nach der Nadel im Heuhaufen.

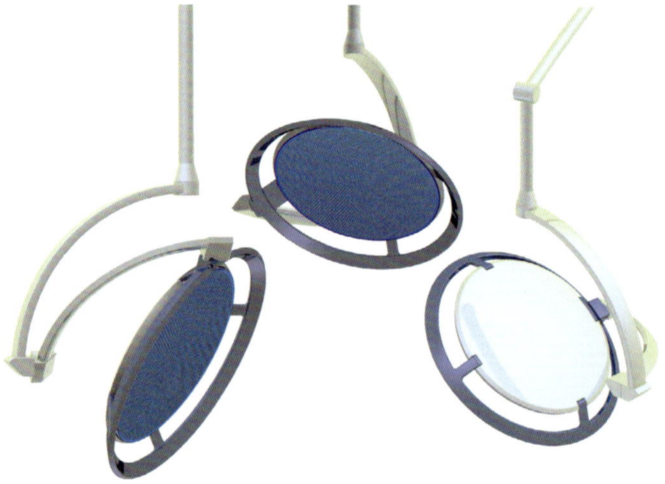

Dabei gibt es zwei unterschiedliche Wege, Innovationen zu generieren: Entweder es ergibt sich ein Problem, für das eine spezifische Lösung – ein neues Material oder Verfahren – gefunden werden muss. Oder aber innovative Materialien und Technologien erweisen sich als so inspirierend, dass sie zur Realisierung neuer Produkte führen. Charles Eames zum Beispiel wäre vermutlich niemals die revolutionäre, bis heute einzigartige Interpretation von Sitzmöbeln aus Sperrholz gelungen, wenn er nicht zuvor intensiv mit schichtverleimten Furnieren experimentiert hätte.
Bei allen Herangehensweisen ist also das Wissen über einen Werkstoff entscheidend. Ohne seine Eigenschaften und Besonderheiten zu kennen, seine Potenziale und Kosten einschätzen zu können, steht der Entwicklungsprozess auf tönernen Füßen. Nur so bekommen Produkte ein unverwechselbares Profil, das ihren Wettbewerbsvor-

teil und ihre Alleinstellung auf dem Markt sichert. Neben ökologisch relevanten Aspekten wie Materialeinsparung geht der Trend zu leichteren, stabileren und intelligenteren Produkten – die ohne Entwicklung und Findung entsprechender Materialien heute nicht mehr denkbar wären. Wir brauchen daher professionelle Partner wie raum-PROBE, die uns bei der Recherche zur Seite stehen und die aus einer Vielzahl von Möglichkeiten die jeweils beste Lösung herausfinden; effiziente Materialbibliotheken, die dem Gestalter entscheidende Fakten schnell zur Verfügung stellen. Mit ihrer Unterstützung entwickeln wir Designer Produkte, die zu den Menschen, für die sie gestaltet werden, perfekt passen.

Stefan Brodbeck
brodbeck design, München

ÜPPIGE MUSTER WEISSZEMENT HOCH GLÄNZEND DEKORE TANZBODEN STRUKTUR DURCHGEFÄRBT PIGMENTE GLASMOSAIK INDIVIDUELL LICHT- UND FARBEFFEKTE VERKEHRSSCHILDER SPIEGELND WANDBESCHICHTUNG VIELFÄLTIG REGENBOGEN

AUFFALLEND OPTISCH

Die visuelle Wahrnehmung von Materialien ist ähnlich wie bei Menschen der erste prägende Eindruck. Die Optik von Materialien wird allerdings nicht nur durch die Farbe und das Muster geprägt. Auch mit eigenständigen Oberflächenbehandlungen oder Veredelungen entstehen oft sehr individuelle Erscheinungsbilder, die ins Auge fallen.
In dieser Rubrik werden Produkte vorgestellt, die durch ihr Äußeres eine ganz eigene Anmutung mit sich bringen. Die Vielfalt reicht dabei von individuell bedruckten Holzwerkstoffen über auffällige Wandbekleidungen bis hin zu technischen Wabenplatten, welche aus rein optischen Gründen weiterentwickelt und mit transparenten Deckschichten versehen wurden.
Auch Materialien und deren Oberfläche unterliegen zunehmend aktuellen Modetrends. Ein erstaunlicher Wandel hat sich z.B. bei den klassischen Tapeten vollzogen. Nach der unglaublichen Vielfalt an Farben und Formen in den sechziger Jahren wurde in den letzten Jahrzehnten die hochwertige Wandbekleidung von der allgegenwärtigen Raufaser zurückgedrängt. Umso erfreulicher ist es, dass immer mehr traditionelle Hersteller wieder Kollektionen auflegen, die sich ganz deutlich an aktuellen Trends orientieren oder sogar selbst zu Trendsettern werden.

Material	Zement
Verwendung	Spezialzement für Einsatz in sehr hellen bzw. farbigen Sichtbetonen
Besonderheit	Hoher Helligkeitsgrad / Gute Frühfestigkeit
Produktbezeichnung	Optacolor
Hersteller	Lafarge Zement GmbH www.lafarge-zement.de

Zement muss nicht immer grau sein. Der so genannte Hochofenzement ist im Gegensatz zu den herkömmlich eingesetzten Zementsorten sehr hell. Das als Pulver vorliegende Material eignet sich besonders gut für die Verarbeitung zu Sichtbeton oder mit Pigmenten durchgefärbtem Beton.

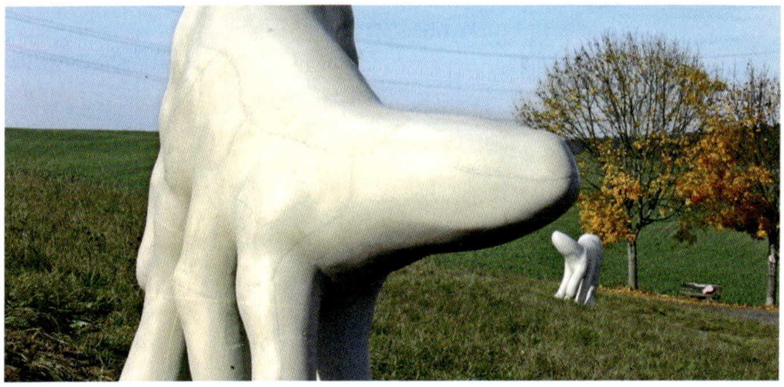

Der Spezialzement Optacolor ermöglicht die Herstellung farbintensiver Sichtbetone. Mit einem ökonomischen Einsatz von Farbpigmenten kann der Beton durchgehend eingefärbt werden. Das Bindemittel auf Basis von Portlandzement und ausgewählten Hüttensanden lässt sich daher besonders gut für Fertigteile und Betonwaren mit hohem ästhetischen Anspruch verwenden.

Dieser Spezialzement wurde z.B. zur Herstellung der 2751 Betonstelen des „Denkmals für die ermordeten Juden Europas" verwendet. Peter Eisenmann benötigte einen Beton hoher Qualität, der sehr gleichmäßig, fließfähig und selbstentlüftend sein musste. Weitere Auswahlkriterien waren außerdem der geringe Wasseranspruch, das gute Wasserrückhaltevermögen und die leichte Verarbeitbarkeit.

Material	Markenpolyamid
Verwendung	Teppichboden / Teppichfliese / Abgepasster Teppich
Besonderheit	Objekteignung
Produktbezeichnung	Poodle 1400
Hersteller	Object Carpet GmbH
	www.object-carpet.de

Schlichtweg „Teppich" wird textiler Bodenbelag im Volksmund genannt. An diesem Material wird deutlich, wie auch elementare Grundmaterialien Modetrends unterliegen. War diese Form des Bodenbelags aufgrund zahlreicher Studien und Vorurteile lange Zeit verpönt, erfreut er sich in letzter Zeit wieder großer Popularität. Die Branche reagiert mit einer immensen Vielfalt an neuen Entwicklungen.

Bei den textilen Bodenbelägen spielt neben den erhältlichen Farben auch die Struktur eine prägende Rolle für das Erscheinungsbild. Ein gutes Beispiel dafür ist der wuschelige „Poodle", der seinem Namen alle Ehre macht. Durch die Verwendung von leicht unterschiedlich farbigen und ca. 3 Zentimeter langen Fasern entsteht ein lebhaftes Oberflächenbild. Er ist in 48 unterschiedlichen Farben erhältlich. Neben der klassischen Bahnenware gibt es diese Qualität auch in Fliesenform und als abgepasster Teppich mit dem Vorteil, dass durch die langen Fasern das Fugenbild der Fliesen nahezu verschwindet.

Material	PVC
Verwendung	Bodenbelag für Bühnen / Ausstellungen / Shows / Laufstege
Besonderheit	Hoch glänzende Oberfläche
Produktbezeichnung	Hi-Shine
Hersteller	Harlequin Europa S.A. www.harlequinfloors.com

Die Showbühnen der Vergangenheit werden auch als die „Bretter der Welt" bezeichnet. Das hat sich inzwischen geändert, sicher auch aufgrund neuartiger Materialien, die den alten Bretterboden abgelöst haben. Ein Vertreter der neuen Generation ist der speziell für die Bühne entwickelte Tanzboden, der auch jenseits dieser Einsatzmöglichkeit seine Qualitäten ausspielen kann.

Die Probleme der traditionellen Hartholzböden, sprich die fehlende Flexibilität, waren ausschlaggebend für die Entwicklung der neuartigen Böden. Die Produktpalette beinhaltet Tanzböden mit individuellen Eigenschaften, die auf die jeweilige Tanzart abgestimmt sind. Ein Beispiel aus der Kollektion ist der hoch glänzende, schon fast spiegelnde Bodenbelag „Hi-Shine". Das Material hat den Vorzug, dass es sich schnell und einfach ausrollen lässt. Die Oberfläche ist entgegen der augenscheinlichen Empfindlichkeit sehr robust und hält auch schwereren Beanspruchungen stand. Speziell beschichtetes Hartpolymer sorgt für den Glanz und die hohe Kratzfestigkeit. Bühnen, Catwalks, Produkt- und Messestände erhalten mit diesem Belag beeindruckend farbig spiegelnde Oberflächen.

Material	Vlies
Verwendung	Geeignet für alle Innenflächen
Besonderheit	Schwer entflammbar (B1) / 15 Farben in 4 Designs
Produktbezeichnung	Golden Fleece
Hersteller	A.S. Création Tapeten AG
	www.as-creation.de

Wer mit Tapete nur Raufaser in Verbindung bringt, kann sich jetzt freuen. Der in den sechziger Jahren begonnene Niedergang von hochwertigen Wandbeschichtungen hat ein Ende gefunden. Aktuelle Kollektionen – von Stardesignern höchstpersönlich gestaltet –, neue Materialkombinationen sowie die technische Weiterentwicklung haben der Tapete zu neuem Ansehen verholfen.

Kleinmuster oder großformatig? Pünktchen oder extravagantes Design? Die aktuelle Tapetenkollektion „Golden Fleece" trifft den heutigen Zeitgeschmack. Üppige Muster und opulente Farben sorgen für eine edle Wandgestaltung. Mit der Kollektion lässt sich eine Wand modisch einkleiden und dank der unkomplizierten Handhabung auch schnell mal wieder austauschen, ohne umfangreiche Renovierungsarbeiten betreiben zu müssen. Gut geeignet sind die Wandkleider z. B. für die Inszenierung temporärer Highlights in Schaufenstern oder Showrooms. Aber auch im Objektbereich sorgen sie für eine eigenständige Gestaltung von Wänden.

Material	Duroplast
Verwendung	Möbel- und Innenausbau
Besonderheit	Individuell gefertigt
Produktbezeichnung	Doppelstegplatte bunt
Hersteller	MS Know How GmbH www.msknowhow.ch

Ein schönes Beispiel dafür, wie mit bestehenden Materialien Neues geschaffen werden kann. So werden in diesem Fall herkömmliche Doppelstegplatten mit farbigem Harz ausgegossen und bekommen dadurch eine vollständig neue Optik. Was jedoch einfach aussieht, bedarf oft jahrelanger Tüftelei und einer großen Experimentierfreude.

Die lichtdurchlässigen Bauelemente bieten eine interessante Alternative zu den bekannten Glassteinen. Der junge Züricher Designer Martin Stutz produziert die Unikate, indem er Platten mit Hohlkörperaufbau, wie z.B. Doppelsteg- oder Lichtplatten, mit Kunstharz ausgießt. Bei der Farbwahl kann individuell reagiert werden, jeder Auftrag wird exklusiv auf Kundenwunsch angefertigt. Denkbare Anwendungen für das neu entwickelte Material sind u.a. Tischplatten, Verschalungen, Schiebetüren, Sitzbänke, Barfronten und Abdeckungen, Salontische oder auch Regale.

Material	Kompaktplatte
Verwendung	Gehobener Innenausbau / Trennwand / Möbelbau / Messebau
Besonderheit	Muster und Farben werden projektspezifisch gedruckt
Produktbezeichnung	Digitaldruckverfahren
Hersteller	Westag & Getalit AG
	www.westag-getalit.de / www.das-architektenportal.de

Es wird so viel gedruckt wie nie zuvor, die Lieblingsfotos, das digital empfangene Buch oder das Wunschbild für die Wand. Auch im Möbel- und Innenausbau wird der Digitaldruck immer beliebter. Mit dem Verfahren können die individuellsten Kreationen auf Platten aufgebracht werden und verschaffen einen dauerhaften Eindruck.

Freie Farbwahl, abwechslungsreiche Optik und die Umsetzung von spezifischem Corporate Design sind die entscheidenden Vorteile von Digitaldruck. Der Einsatz dieses Verfahrens bei der Herstellung von Schichtstoff bietet mannigfaltige Vorteile. Die individuell gestalteten Oberflächen sind abriebfest, hitzebeständig bis 230 °C, lebensmittelbeständig und lichtecht. Türen, Möbelplatten oder Wandverkleidungen können nach freien Wünschen gestaltet werden. Nachdem die gewünschten Daten freigegeben wurden, besteht im Normalfall eine Lieferzeit von nur 4 Wochen.

Material	Glasfliese
Verwendung	Innen- und Außenanwendung
Besonderheit	Patentiertes Herstellungsverfahren / Individuelle Designs und Farben möglich
Produktbezeichnung	Baroque
Hersteller	Villiglas GmbH www.villiglas.at

In zahlreichen neu entstandenen Wellnesstempeln begegnet man wieder dem edlen Glasmosaik, mit dem aufgrund seiner kleinteiligen Form runde Brüstungen oder Duschen gefliest werden können. Noch eine Spur eleganter sind allerdings großformatige Glasfliesen, die zudem eine außergewöhnliche Brillanz und optische Tiefe besitzen.

Die Glasfliesen der Linien „Baroque" und „Retro" veredeln den Raum auf ihre ganz besondere Weise. Hat man Gefallen gefunden an der edlen Anmutung der Fliesen, kann man sich zwischen einem eher auffälligen goldglänzenden oder zurückhaltend matten Dekor auf der Oberfläche entscheiden. Auch zwischen vielfältigen Farbmöglichkeiten kann gewählt werden: ob als komplette Wandbekleidung, einzeln gestaltetes Bild oder als passender Rahmen für ein besonderes Entrée. Barock und Rokoko sind wieder gefragt und in Kombination mit solch ausgesuchten Materialien zeugt es von stilsicherem Einsatz.

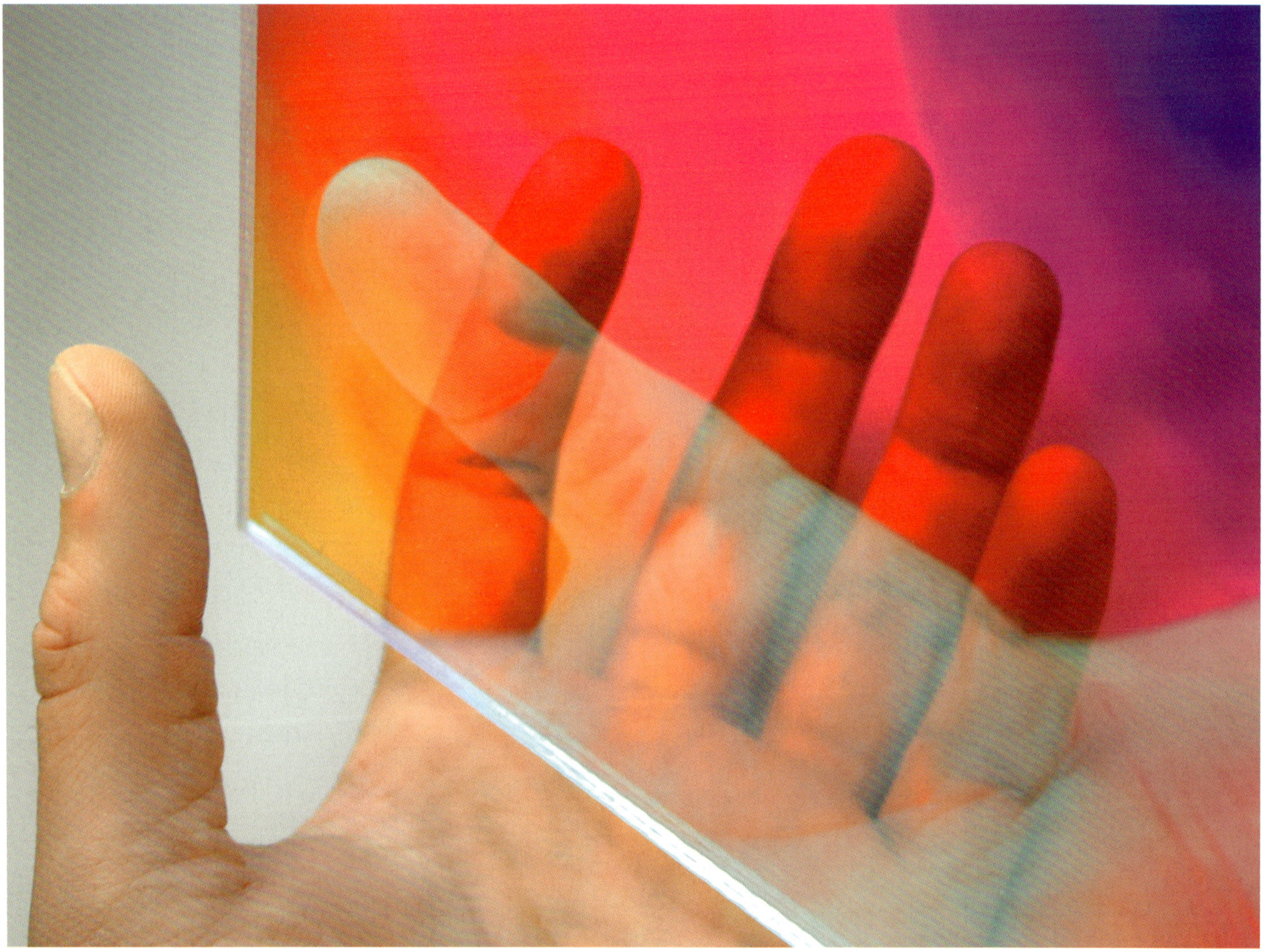

Material	Acrylglas
Verwendung	Displays / Schilder / Ladeneinrichtungen / Produktdesign
Besonderheit	Erscheint je nach Blickwinkel in verschiedenen Farben
Produktbezeichnung	Plexiglas Radiant
Hersteller	Degussa Röhm GmbH www.plexiglas.de

Licht- und Farbeffekte sind das Stilmittel erster Wahl, wenn es in unserer von Anreizen geprägten Welt um Aufmerksamkeitswirkung geht. Längst reichen statische Lichtquellen nicht mehr aus. Daher entwickeln Hersteller von Leuchten immer raffiniertere elektronische Farbwechselsteuerungen. Es geht aber auch einfacher – wie dieses Material beweist.

Dieses neuartige Spezialacrylglas besitzt eine Oberflächenvergütung, die einen ungewöhnlichen optischen Effekt hervorruft. Das Material verändert seine Oberfläche je nach Blickwinkel des Betrachters und leuchtet in allen Farben des Regenbogens. Das durchscheinende Licht wird wie bei einem Prisma aufgespaltet und sorgt für die schillernden Beleuchtungseffekte.

Das Material ist für den Einsatz in Innenräumen bestimmt, da es nur bedingt wetterfest ist. Eine nahezu magische Wirkung geht von der Farbenpracht aus, in der das Material erstrahlt. Es ist ideal für den Einsatz bei Displays, Schildern, im Laden- und Messebau.

Material	Edelstahl
Verwendung	Innen- und Außenanwendung
Besonderheit	Edelstahl rostfrei in Farbe
Produktbezeichnung	Inox-Tec-Verfahren
Hersteller	Inox-Color GmbH & Co. KG
	www.inox-color.com

Werden außergewöhnlich geformte, strukturierte und gefärbte metallische Bauteile benötigt, braucht es einen Verarbeiter, der ein umfangreiches Wissen im Bereich der Oberflächenvergütung und Bearbeitung aufweisen kann.

Produkte aus nicht rostendem Stahl können mit dem Inox-Tec-Verfahren gefärbt werden. Bei diesem Verfahren handelt es sich nicht um einen Farbauftrag, sondern um einen elektrochemischen Prozess. Die Edelstahloberflächen erhalten „lebendige Farben" – durch das Interferenzverhalten des einfallenden Lichts entstehen die charakteristischen Farben, die je nach dem Standort des Betrachters variieren.

Durch die Transparenz des aufgetragenen Interferenzfilms wird die Oberfläche des Ausgangsmaterials nicht vedeckt und die Struktur oder der Schliff bleiben erhalten. In Kombination mit weiteren Oberflächenbearbeitungen sind z.B. Prägemuster möglich, die einer spiegelnden Wasseroberfläche gleichen, wie in dem Projekt von Herzog & de Meuron in Barcelona.

Material	Aluminiumverbundplatte / Polyethylenkern mit beidseitiger Aluminiumdeckschicht
Verwendung	Schilderbau (innen/außen) / Möbel-, Messe- und Ladenbau / Digitaldruck
Besonderheit	Geringes Gewicht bei vergleichbar hoher Biegesteifigkeit und geringer Materialstärke
Produktbezeichnung	Dibond

Hersteller	Alcan Composites – Alcan Singen GmbH www.dibond.de

So gut wie alle Werbeschilder, denen wir auf Schritt und Tritt begegnen, sind aus dem Material Dibond. Aufgrund der besonderen Eigenschaften hat es sich für diesen Einsatzzweck etabliert. Die Verbundplatte weist beispielsweise trotz der Leichtigkeit eine sehr hohe Biegesteifigkeit auf und die Oberfläche lässt sich gut bedrucken.

Bereits 1965 ließen sich die damaligen Aluminium-Walzwerke Singen die erste Verbundplatte, bestehend aus zwei Aluminium-Deckschichten und einem Kunststoffkern patentieren. Mit der neuen Plattenbreite von mehr als 2 Metern eignet sich das Material besonders für fugenfreie Schilder im Großformat und für die Optimierung von Zuschnitten. Durch eine spezielle Aluminiumlegierung wird eine erhöhte Korrosionsbeständigkeit geboten. Die Platten sind in zahlreichen Farben sowie Oberflächenvarianten erhältlich und im direkten Digitaldruck individuell bedruckbar. Dank der dekorativen Oberflächen werden die Platten auch gerne im Messe- und Ladenbau sowie für hochwertige Präsentationen z.B. in Museen eingesetzt.

Material	Kunststoffplatte durchgefärbt
Verwendung	Spielgeräte im Außenbereich
Besonderheit	Dreischichtige, coextrudierte Platte / Ein- oder zweifarbig
Produktbezeichnung	Polystone Play-Tec
Hersteller	Röchling Engineering Plastics KG www.roechling-plastics.com

Diese Dreischichtplatte – entwickelt für die besonders harten Anforderungen beim Einsatz in Kinderspielgeräten – ist beinahe unzerstörbar.

Das Unternehmen produziert hauptsächlich technische Kunststoffe. Eine Spezialqualität ist das hoch molekulare Polyethylen, aus dem diese ein- oder zweifarbigen Platten hergestellt werden. Die Oberfläche ist beidseitig strukturiert und leicht zu reinigen. Das Material nimmt keine Feuchtigkeit auf und verhindert dadurch einen Befall mit Schimmel oder Pilzbewuchs. Da es Kinder gerne bunt mögen, sind die Platten in vielen leuchtenden Farben lieferbar. Einer fantasievollen Formenvielfalt sind ebenfalls keine Grenzen gesetzt.

Material	Wollfilz
Verwendung	Innenraumgestaltung / Akustik / Dekoration
Besonderheit	Wasserabweisend
Produktbezeichnung	Designerfilz gemessert
Hersteller	M & K Filze GmbH www.filzfabrik.de

Filz ist ein sehr vielfältiges Material. Wer glaubt, Filz werde hauptsächlich zu Hüten, Hausschuhen oder Untersetzern verarbeitet, der irrt. Meist unbemerkt vom Benutzer sichern Woll- und Nadelfilze die Funktionsfähigkeit und den Komfort von Geräten, Maschinen und Fahrzeugen. Die variablen Einsatzmöglichkeiten resultieren aus den vielfältigen Möglichkeiten, die Eigenschaften zu beeinflussen.

Vom Bastelfilz und Designerfilz über den Akustikfilz bis hin zu Dichtungen oder Polierkörpern reicht das Anwendungsgebiet von Filz. Es sind nahezu beliebige Geometrien und Farben lieferbar. Die Härte lässt sich zwischen „watteweich" und „hammerhart" einstellen. Zudem lässt sich das Material flammhemmend, hydrophob, selbstklebend, rutschfest und mit vielen weiteren Eigenschaften ausrüsten. Filz lässt sich auch gut stanzen und messern. Die Technik wird bisher meist industriell genutzt, lässt sich aber auch wunderbar in das Design übertragen, um optisch ansprechende Formen zu kreieren.

Material	Dispersionsfarbe mit metallischer Optik
Verwendung	Innen- und Außenanwendung
Besonderheit	Metallische Oberflächen / Kollektion mit 80 Farbtönen
Produktbezeichnung	Capadecor Metallocryl
Hersteller	Caparol Farbe Lacke Bautenschutz www.caparol.de

Wenn die Anmutung von metallisch wirkenden Wänden gewünscht wird, die Realisierung aber technisch oder wirtschaftlich nicht möglich ist, kann die Metallic-Optik jetzt trotzdem verwirklicht werden.

Eine glänzende Dispersionsfarbe mit speziellen metallischen Pigmenten gestattet vielseitige Gestaltungsmöglichkeiten. Für die Innen- und Außenanwendung ist die Spezialbeschichtung geeignet. Die Palette reicht über Gold, Silber, Bronze, Kupfer und Eisen, in jeweils vier Ausführungen von hell bis dunkel bis hin zu Trendfarbtönen in Metallic-Effekt. Im Außen- wie im Innenraum haben Architekten die Möglichkeit, ihr Materialkonzept zu realisieren. Sowohl großflächige wie auch kleinformatige Anwendungen für einzelne Bauteile sind möglich.

HIGH-PERFORMANCE-OBERFLÄCHE SCHWERENTFLAMMBAR WASSERUNDURCHLÄSSIG MIKROPERFORATION MEDIENFASSADEN TECHNISCHE TEXTILIEN INTELLIGENTE STOFFE WIRKSTOFF SELBSTHAFTEND ZWEITRÜCKEN LICHTLEITEND ABRIEBFEST KATALYSATOR

DOPPELT FUNKTIONAL

Immer mehr Werkstoffe übernehmen zusätzliche Aufgaben. Die auch als „Smart Materials" bezeichneten Materialien können z.B. Schadstoffe abbauen, sind nicht brennbar, speichern Wärme und geben sie bei Bedarf wieder ab. Ein Teil der Produkte sieht optisch gut aus und bietet seine zusätzlichen Funktionen im Verborgenen, wie beispielsweise die Gattung der funktionalen Textilien. Es gibt aber auch Werkstoffe, die mit dem klaren Ziel entwickelt werden, mehreren Anforderungen gleichzeitig gerecht zu werden und bei denen das Aussehen zweitrangig ist. Umso schöner, wenn diese Industriematerialien trotzdem einen eigenen optischen Reiz zeigen.

Im Bereich der reagiblen (reaktionsfähigen) Materialien wird viel geforscht. Es existieren bereits Kunststoffe, die sich selbst reparieren können. Oder Metalle, die, nachdem man sie verbogen hat, bei Erwärmung wieder in ihre ursprüngliche Form zurückgehen, so genannte Formgedächtnislegierungen. Die meisten Hightech Werkstoffe aus dieser Kategorie werden noch unter Laborbedingungen hergestellt und benötigen mit Sicherheit noch geraume Zeit, bis sie alltagstauglich und serienreif sind. Die ersten Produkte gibt es allerdings schon, weitere Innovationen werden folgen.

Material	Kunstleder
Verwendung	Innen- und Außenanwendung / Möbel / Wandbekleidung
Besonderheit	Licht- und ölbeständig / Bewitterungsstabil / Schwer entflammbar (B1)
Produktbezeichnung	skai Neptun-Kollektion
Hersteller	Konrad Hornschuch AG www.hornschuch.de

Der Einsatzbereich von Folien ist sehr vielfältig und reicht von der Möbel-, Automobil-, Mode- bis hin zur Bauindustrie. Die Oberflächen sind inzwischen so gut, dass es für den Betrachter nur schwer möglich ist, zwischen Folie und Originalmaterial zu unterscheiden. Versuchen Sie einmal, ein Kunstleder- von einem Echtledersofa zu unterscheiden und Sie werden feststellen, wie perfekt die Nachbildungen sind.

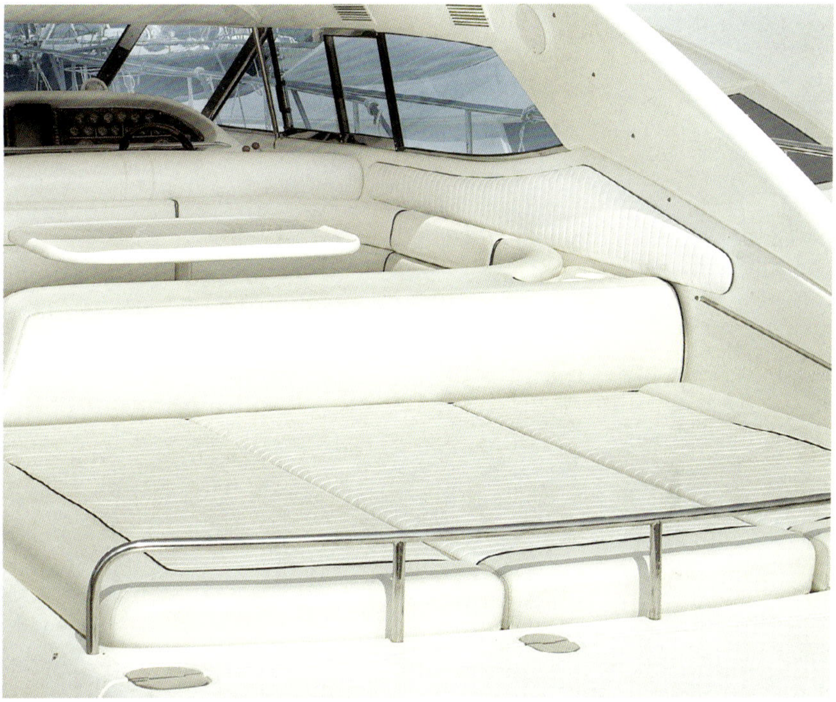

Anspruchsvolle Außeneinsätze und hochwertige Polster – das lässt sich jetzt einfach miteinander verbinden. Die Highperformance-Materialien der Marke „skai" sind mit feinsten Nanopartikeln ausgerüstet. Für Sessel, Liegen und Kissen bedeutet das eine kleine Revolution. Selbst starke Flecken haben nun keine Chance mehr – sie lassen sich problemlos und ohne Rückstände einfach wieder abwischen. Dank der Nanopartikel ist das synthetische Leder auch dreimal widerstandsfähiger gegen UV-Strahlen als herkömmliche Kunstleder. Es hält Öl, Schweiß und Fett aus und ist salzwasserbeständig. Das Material ist ideal geeignet für Hersteller von Motor- und Segelyachten oder für die Betreiber von Sportstadien und Objektbauten, wenn sie nach Polstermaterialien suchen.

Material	Magnesitgebundene Holzwolle-Akustikplatte
Verwendung	Innenausbau / Decken- und Wandgestaltung / Akustik
Besonderheit	Naturprodukt / Gute akustische Werte / Farbenvielfalt
Produktbezeichnung	Herakustik star
Hersteller	Heraklith AG www.heradesign.at

Die Zeiten, in denen man das Produkt der Firma Heraklith nur von Deckenbekleidungen in Tiefgaragen kannte, sind vorbei. Die Deckensysteme vereinen heute variantenreiche und optisch ansprechende Gestaltungsmöglichkeiten bei gleichzeitiger akustischer Wirksamkeit.

Die magnesitgebundene Holzwolle-Akustikplatte „Herakustik star" überzeugt mit sehr guten akustischen Werten, ihrer klimaregulierenden Wirkung und baubiologischen Unbedenklichkeit. Seit 2005 wird sie in einer Farbreihe angeboten, die eine Auswahl aus standardisierten Farbsystemen ermöglicht und die Schaffung vielfältiger Akzente in Innenräumen ermöglicht. Eine zusätzliche Weiterentwicklung der Kollektion ist die Holzwolle-Akustikplatte „Herakustik fine/A2", mit einer, wie der Name schon sagt, wesentlich feinfaserigen Struktur und der nicht brennbaren Eigenschaft.

Material	Glasgewebe
Verwendung	Feuerlöschdeckengewebe zum Personen- und Objektschutz
Besonderheit	Nicht brennbar (A1)
Produktbezeichnung	Isoglas-Feuerlöschdecke
Hersteller	Frenzelit-Werke GmbH & Co. KG www.frenzelit.com

Wie hoffentlich jeder weiß, ist ein Fettbrand eine heikle Angelegenheit. Wer sich als Gourmetkoch versucht und den Herd auf einmal in Flammen stehen sieht, sollte auf keinen Fall mit Wasser löschen. In solchen Fällen ist der Einsatz von speziellen Feuerlöschdecken ratsam, um den Brand zu ersticken.

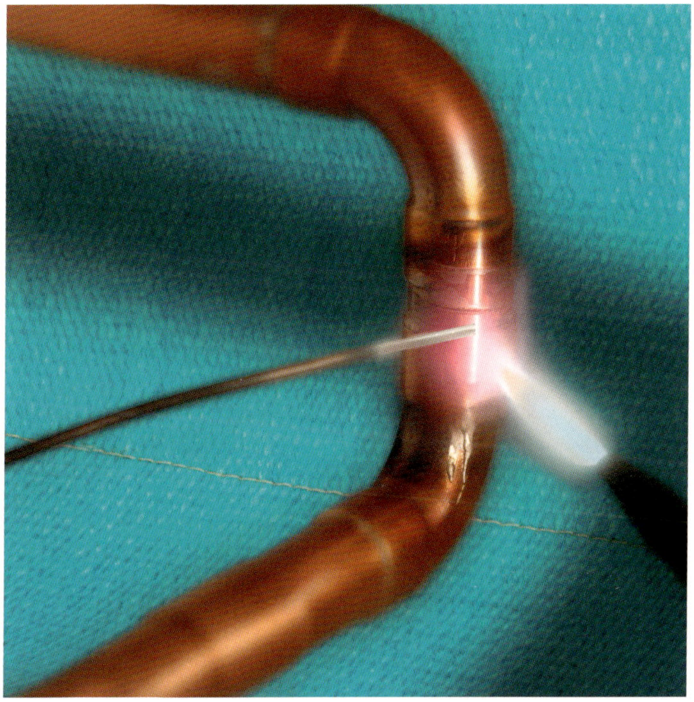

Stoffe aus Glasgewebe sind für Extrembedingungen geschaffen worden. Die hoch temperaturbeständigen Textilien liegen in vier Produktlinien mit jeweils unterschiedlichen Temperaturgrenzwerten vor. Das Basismaterial des Gewebes ist eine spezielle Glasfaser, welche Anwendungen in Temperaturbereichen bis maximal 450 °C ermöglicht. Durch mechanische und/oder chemische Veränderung der an sich glatten Fasern wird dem Gewebe eine Texturierung verliehen. Daraus folgt der textile Griff, der u.a. für ein hohes Speichervolumen und somit gute Isolationswerte sorgt. Das Gewebe ist gesundheitlich unbedenklich, hautfreundlich, verrottungsbeständig und verfügt über eine gute elektrische und thermische Isolation.

Material	Innenfarbe
Verwendung	Beschichtung Wand und Decke
Besonderheit	Aktive Luftreinigung
Produktbezeichnung	StoClimasan Color
Hersteller	Sto AG
	www.stoclimasancolor.de

Eine Beschichtung, die „dicke Luft" im Büro, in der Schule oder zu Hause aktiv umwandeln kann und für ein besseres Klima sorgt – hört sich an wie eine Zukunftsvision, ist aber Realität in Form einer Farbe, die Ihre Luft von unangenehmen Gerüchen reinigt.

Der Luftreinigungseffekt der Farbe beruht auf dem Naturprinzip der Photokatalyse. In der Farbe befindet sich ein Photokatalysator, der unter Einwirkung von Licht aktiviert wird und organische Substanzen laufend abbaut und die Schadstoffe in der Luft reduziert. Das Ergebnis ist eine deutlich und nachweisbar verbesserte Qualität der Innenraumluft. Das Besondere an diesem Prozess ist die Tatsache, dass für die Aktivierung kein UV-Licht benötigt wird und selbst das diffuse Tageslicht oder die allgemeine künstliche Innenbeleuchtung ausreicht. Der Einsatz der Wandfarbe bietet sich überall dort an, wo viele Menschen aufeinandertreffen, wie in Restaurants, Hotels, Kliniken, Schulen oder Büros.

Material	Kork
Verwendung	Bodenbelag
Besonderheit	Gute Schalldämm-Eigenschaften / Einfache und schnelle Verlegung
Produktbezeichnung	Acousticork NRT
Hersteller	Amorim Deutschland GmbH www.wicanders.de

Ein Korkboden zählt zu den leisen Bodenbelägen, der sowohl den Tritt- als auch den Begehschall, also den Raumschall, deutlich absorbiert. Bei diesem speziellen Akustikkork werden die natürlichen Eigenschaften des Materials durch eine eingebaute Schallbarriere noch einmal gesteigert.

Neben der Trittschallreduzierung erhöht der neue Korkkern dieser Dielen gleichzeitig den Geh- bzw. Stehkomfort. Das Geheimnis dieses Effekts liegt im Aufbau der Platte. Dem Hersteller Amorim ist es gelungen, eine Schallbarriere zwischen der Trägerplatte und dem Kork- bzw. Holzfurnier einzuarbeiten. Die innen liegende Schicht besteht aus einer speziellen Mischung aus hochwertigem, leichtem Korkgranulat und einem Hightech-Polymer. Der Bodebelag ist gelenkschonend, ökologisch und B1, d.h. schwer entflammbar, ausgerüstet. Er wird weder mit dem Untergrund verklebt noch genagelt, sondern schwimmend verlegt. Durch das patentierte Verbindungssystem lassen sich die Dielen leimlos und fugenfrei verlegen. Die Auswahl an Dessins und Farben der Oberfläche ist groß.

Material	Trevira CS
Verwendung	Dekorationsstoffe für den Objektbereich / Funktionsstoff für den Health-Care-Bereich
Besonderheit	Schadstoffabbau und Geruchsreduzierung / Antibakterielle Wirksamkeit
Produktbezeichnung	air 152 und bioaktiv
Hersteller	Drapilux GmbH www.drapilux.com

Als „intelligente Stoffe“ können diese funktionalen Textilien bezeichnet werden. Neben der rein optischen und haptischen Erscheinung besitzen sie weitere sinnvolle Zusatznutzen. Aus dieser Gattung sind die flammenhemmenden Materialien die bekanntesten. Neue Entwicklungen kümmern sich aktiv um eine bessere Raumluft oder vermeiden den Befall mit Bakterien.

Die Stoffe der Kollektion „air“ können Schadstoffe in der Raumluft abbauen und üble Gerüche reduzieren. Ermöglicht wird das durch einen speziellen Wirkstoff, der als Katalysator dient. So lösen sich unangenehme Luftbestandteile wie Nikotin oder Ammoniak auf. Ideal ist dieser Effekt für Allergiker und gesundheitsbewusste Menschen.

Das Besondere an den Textilien aus der Kollektion „bioaktiv“ ist, dass sie eine antibakterielle Wirksamkeit besitzen. Dafür sorgen fest in die Faser als Polymere eingebaute Silberionen, die Bakterien auf der Stoffoberfläche zuverlässig und wirkungsvoll dezimieren. Ein dauerhafter Schutz vor Entstehung und Übertragung von Krankheitserregern wird dadurch erreicht, was z.B. in Krankenhäusern einen enormen Vorteil für Patienten und Personal mit sich bringt.

Material	Polyester Trevira CS / Beschichtung Polymere
Verwendung	Raumgestaltung / Sicht- und Blendschutz auf allen Glasflächen
Besonderheit	Flexibles Hafttextil / Kann mehrfach abgelöst und wieder aufgebracht werden
Produktbezeichnung	Gecko / Adhesive Textiles
Hersteller	Création Baumann, Weberei & Färberei AG www.creationbaumann.com

Der Gecko, aus der Familie der Eidechsen, ist bekannt für seine Fähigkeit, an senkrechten Wänden Halt zu finden. Das nach diesem Tier benannte Textil hat zwar keine Saugnäpfe, ist aber trotzdem auf Fensterflächen selbsthaftend. Die Textilien können mehrfach abgelöst und wieder aufgebracht werden – ohne Verlust der Klebkraft.

Das selbsthaftende Textil kann direkt auf Glas aufgezogen werden. Das Produkt ist in verschiedenen Farben erhältlich. Dichter und transparenter gewobene Dessins der Textilien sorgen je nach Wunsch für unterschiedlich starke Beschattung am Fenster. Es lässt sich zudem gut pflegen und reinigen und das Anbringen gestaltet sich unkompliziert in der Montage. Als Einsatzgebiet bieten sich Fensterflächen an, wo Sicht-, Blend- und Klimaschutz gefragt ist, architektonische oder gestalterische Vorgaben jedoch keine Vorhänge, Rollos oder Paneele erlauben.

Material	Polyamid
Verwendung	Textiler Bodenbelag
Besonderheit	Objekt- und Wohnbereich / Lose Verlegung ohne Kleber
Produktbezeichnung	Wave IQ
Hersteller	Longlife Teppichboden, Berndt Cleven GmbH & Co. www.longlife-teppichboden.de

Eine gute Sache, einen textilen Boden einfach zu verlegen, ohne ihn vollflächig verkleben zu müssen, und ihn jederzeit wieder entfernen zu können. Jetzt wurde eine Bahnenware entwickelt, die durch ihren besonderen Aufbau – einen Filz bzw. Schwerfilz-Zweitrücken – besonders formstabil bleibt und zudem über gute akustische und ergonomische Eigenschaften verfügt.

Die hohe Festigkeit und Dehnungsstabilität des Bodenbelags macht den Einsatz selbst auf großen Flächen und auch in stark frequentierten Bereichen möglich. Die Bahnenware ist stuhlrollenfest und für Allergiker geeignet. In Büro- und Praxisräumen, in Arbeits- und Repräsentativbereichen, aber auch bei der Sanierung oder Modernisierung bietet das System durch seine besonderen technischen Ausstattungsmerkmale gute Eigenschaften für die jeweilige Anwendung. Da keine feste Verklebung erfolgt, ist der Boden problemlos entfernbar und somit sehr substanzschonend, was sich z.B. bei denkmalgeschützten Gebäuden als großer Vorteil erweist. Es stehen mehrere Farbwelten mit Unitönen oder auch grafische Muster zur Verfügung.

Material	Glas
Verwendung	Isolierung / Sonnenschutz / Energiegewinnung
Besonderheit	Architektonische Gestaltung mit Photovoltaik
Produktbezeichnung	Voltarlux
Hersteller	Isolar Gruppe www.voltarlux.de

Die Diskussion über alternative Energiequellen ist hoch brisant. Eine Technik mit viel Potenzial bieten die Solarzellen. Bisher findet man die meist bläulich schimmernden Scheiben überwiegend auf großen Dächern, auf denen die Kollektoren nachträglich installiert wurden. Die ökologische Technik kann allerdings auch optisch ansprechend integriert werden.

Durch diese speziellen Solarstrom-Module kann man hindurchschauen. Sie eignen sich daher auch für die direkte Integration in die Gebäudehülle als Fassadenelement. Die mit innovativer Dünnschichttechnologie erzeugten Module können so fein strukturiert werden, dass sie dem menschlichen Auge transparent erscheinen. Geeignet sind diese Scheiben für den senkrechten Einbau in der Fassade oder auch als Überkopfverglasung. Der entscheidende Unterschied dieser Multifunktionsgläser ist dabei, dass die Gewinnung von elektrischem Strom mit der Isolierung eines Wärmedämmglases und der Beschattung durch ein Sonnenschutzglas verbunden werden kann.

Material	Polyester / Polycarbonat
Verwendung	Innenräume / Behang / Raumtrennung bzw. -gliederung / Deckensegel / Sichtschutz
Besonderheit	Schallabsorbierend
Produktbezeichnung	Rossoacoustic
Hersteller	Nimbus GmbH / Rosso Objekte www.rosso-objekte.com

Eine gute Akustik trägt maßgeblich zum Wohlbefinden im Innenraum bei. Eine funktionale Raumakustik ermöglicht die ungehinderte Nutzung von Bürolandschaften, Ausstellungsflächen, Messeräumen, aber auch von Wohn- und Wellness-Bereichen. So ist sie in der Lage, die Wirtschaftlichkeit eines Raums um bis zu 30 Prozent zu erhöhen.

Die in Zusammenarbeit mit dem Fraunhofer Institut für Bauphysik entwickelte Folie weist eine hohe Schallabsorption auf. Das Prinzip basiert auf der Mikroperforation. Das Material ist mit sehr vielen winzigen Löchern versehen, welche die auftreffende Schallenergie absorbieren. Der Wirkungsbereich der Perforation ist so groß, dass das System sowohl mit als auch ohne dahinter angebrachten, schallreflektierenden Flächen eine deutliche Absorption leistet. Entwickelt wurde die Folie für das Vorhangsystem „Rossoacoustic", das die Organisation von Räumen durch Flexibilität, Transparenz und eine ansprechende Gestaltung unterstützt. Die transluzenten milchig weißen Folien können auf Wunsch auch mit individuellen Grafiken bedruckt werden.

Material	Polystrol mit Metallfinish
Verwendung	Dekoration / Sanierung / Modernisierung
Besonderheit	Selbstklebend / Wirkt wie echtes Metall / Verarbeitungseigenschaften einer Folie
Produktbezeichnung	Guttagliss Metalleffekt-Platten
Hersteller	Gutta Werke GmbH www.gutta.com

Metalloberflächen bieten eine eigenständige Optik. Und Chrom, Edelstahl sowie gebürstetes Alu sind bei vielen modernen Möbeln anzutreffen. Wer jetzt seine Räumlichkeiten mit Metall „aufmöbeln" möchte, kann das auf einfache Art und Weise tun. Die Metalleffekt-Platten verbinden die Optik von Metall mit den Bearbeitungsvorteilen leichter und dünner Kunststoffplatten.

Die Platten sind schlagzäh, biegsam und können sehr leicht bearbeitet werden. Sie lassen sich von der Dekorseite aus mit Cuttermesser oder einer feinen Säge schneiden und völlig unkompliziert bohren oder stanzen. Durch die stark klebende Rückseite kann das Material auf nahezu allen glatten Untergründen aufgebracht werden.

Einsatzgebiete der leichten Dekorplatten sind beispielsweise Verblendungen und Ausfachungen im Innenbereich oder Renovierung von Möbelfronten und Türen. Es stehen unterschiedliche silberne Dekore in glatter oder strukturierter Oberfläche zur Auswahl.

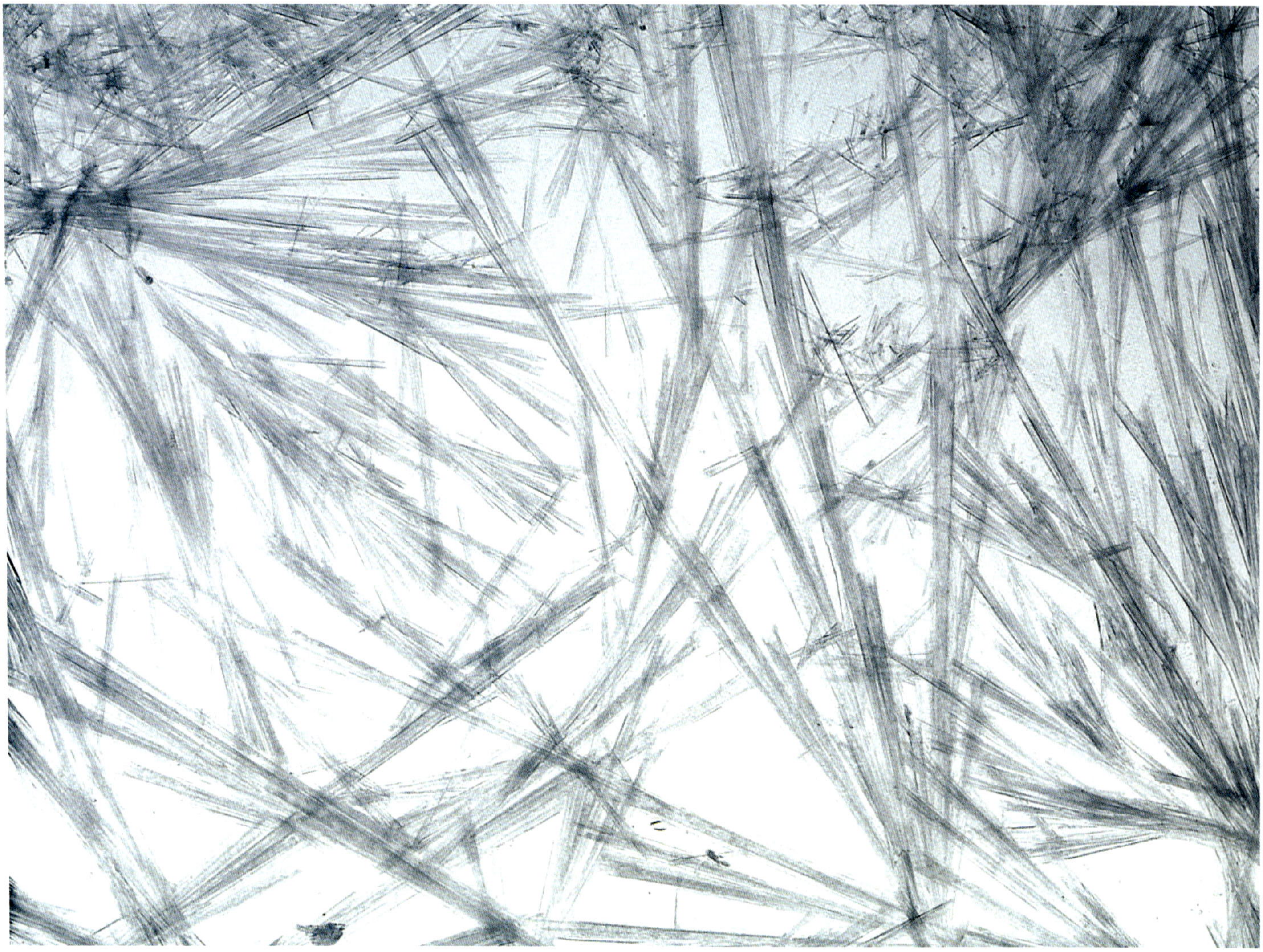

Material	Dreifach-Isolierglas mit Latentspeicher und prismatischem Überhitzungsschutz
Verwendung	Fassade
Besonderheit	Das Glas speichert, wärmt und kühlt
Produktbezeichnung	GlassX Crystal
Hersteller	GlassX AG www.glassx.ch

Ein Solarglas, das speichert, wärmt und kühlt in einem. Mit solch einem Spezialglas lassen sich selbst regulierende Fassadensysteme realisieren, die eine Reduktion der Energiekosten ermöglichen.

Die Energieregulierung im Glas wird ermöglicht durch eine Schicht von Salzkristallen, welche die Wärme der einstrahlenden Sonne speichert und diese bei Bedarf an den Innenraum abgibt. Ein zusätzlich eingebautes Prismenglas lässt die Sonnenstrahlung nur bei flachem Einstrahlungswinkel passieren – also im Winter – und schützt den Raum somit im Sommer vor Überhitzung. Auf diese Weise entsteht ein multifunktionales Bauelement, das die Kraft der Sonne nutzt, speichert und zugleich vor ihr schützt. Der integrierte keramische Siebdruck auf der Rauminnenseite erlaubt außerdem eine hohe Gestaltungsfreiheit in der Farb- und Musterwahl.

Material	Edelstahlgewebe mit eingewebten LED-Profilen
Verwendung	Fassade
Besonderheit	Transparente Medienfassade
Produktbezeichnung	Mediamesh und Illumesh
Hersteller	GKD – Gebr. Kufferath AG / ag4 media facade GmbH www.creativeweave.de / www.medienfassade.com

Die Fassadenarchitektur ist auch Spiegel von fortschreitender Bautechnologie. Der neueste Trend sind so genannte „Medienfassaden". Sie nutzen die faszinierende Bandbreite elektronisch gesteuerter Ausdrucksmöglichkeiten. So kann die Außenhaut der Gebäude als Werbescreen verwendet werden. Oder Passanten können zukünftig über versendete Handy-Bilder mit dem Gebäude in Kommunikation treten.

Voraussetzung für den Erfolg einer transparenten Medienfassade ist ein schlüssiges inhaltlich-kontextuelles Konzept, um die Bezüge zwischen den Bewohnern des Gebäudes, ihrer Botschaft und dem jeweiligen Umfeld sichtbar zu machen und bei Bedarf auch einer werblichen Nutzung Raum zu geben. Edelstahlgewebe mit eingewebten LED-Profilen medialisieren Architektur dauerhaft, integriert und intelligent. Die Basis dafür ist ein Seilgewebe aus Edelstahl, in dessen Ketten in definierten Abständen Hülsen eingewebt werden. Sie sind die mechanische Schnittstelle zu speziellen Rundprofilen, in die dann Leds wasserdicht eingefügt sind. Das „Mediamesh" kann auf Wunsch sogar über das Internet bespielt werden.

Material	Oregon Pine (Douglas Fir)
Verwendung	Konstruktion / Parkett / Möbelplatte
Besonderheit	Längs laufende Struktur / Hochfest / Bauaufsichtlich zugelassen
Produktbezeichnung	SVL (Structural Veneer Lumber)
Hersteller	Woodtrade F. Hecht GmbH www.woodtrade-svl.com

Da der Werkstoff Holz ein Naturprodukt ist, müssen bei der Berechnung von Dimensionen große Toleranzen beachtet werden. Das hat zur Folge, dass kleine Querschnitte oder schlanke Stützen nur gering belastet werden dürfen. Um Holz besser berechenbar zu machen, wurde ein Holzwerkstoff entwickelt, der kaum noch Toleranzen aufweist und bauaufsichtlich zugelassen ist.

Ein hochfester und belastbarer Werkstoff, der aus dem Holz Oregon Pine (Douglas Fir) verleimt wird. Es wurde ingenieurtechnisch so verändert, dass es zu den Baustilen unserer Zeit passt und mit den häufig verwendeten Baumaterialien wie Glas, Metall sowie Stein harmoniert und diese spielerisch ergänzt. In der vom Stuttgarter Architekturbüro (se)arch neu gestalteten Hahnenkammschule in Alzenau wurde in den Klassenräumen Sichtbeton als Wandmaterial benutzt. Als Kontrast zur Fassadenkonstruktion wurde dann nach einem „warmen" Material gesucht. Aufgrund der großformatigen Fassadenteilung konnte nur ein Holzwerkstoff verwendet werden, der dauerhaft formstabil ist und zugleich über beste statische Kennwerte verfügt.

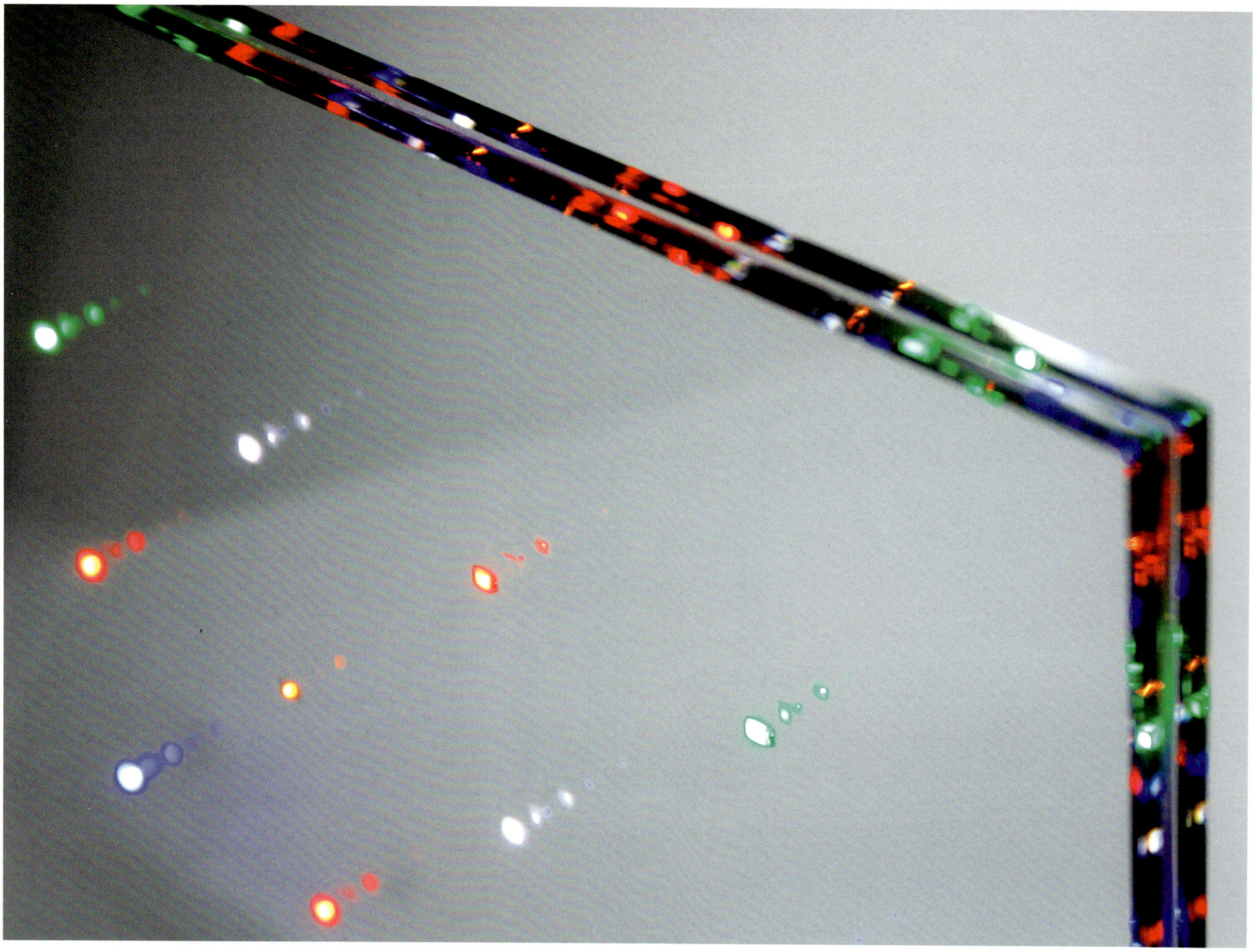

Material	Glas
Verwendung	Dekorative Elemente / Mediengestaltung / Design
Besonderheit	LED-Stromversorgung ohne Kabel
Produktbezeichnung	LightPoints
Hersteller	Schott AG
	www.schott.com/architecture

LEDs – Light Emitting Diodes – sind das Leuchtmittel der Zukunft. Durch die kleinsten Abmessungen erlauben die Lichtquellen ganz neue Anwendungen. Sie können sogar frei schwebend im Glas leuchten.

Die Lichtquelle befindet sich in einem PVB-Folienverbundglas und sieht aus wie ein Material aus der Zukunft. Das Glas beginnt punktuell zu leuchten, ohne sichtbare Stromversorgung. Die Anordnung der LED-Lichtpunkte ist frei wählbar und in verschiedenen Farben und in unterschiedlicher Anzahl einsetzbar. Ermöglicht wird das durch eine transparente stromleitende Grundglasscheibe. Die Stromversorgung (Niedervolt-Gleichstrom) erfolgt über nahezu unsichtbare Leiterbahnen. Die Modulgröße der Scheiben ist je nach den Anforderungen individuell festlegbar.

FERTIGPARKETT DIELEN DEHNFUGEN TEPPICHBODEN GROSSFLÄCHIGE HOCHFLORIGE FLIESEN EINGANGSMATTEN WIDERSTANDSFÄHIGKEIT HALTBARKEIT WOHNBEREICH STUHLROLLENEIGNUNG GEWÄHRLEISTUNG RUTSCHFEST SCHALLSCHUTZKLASSE HÄRTE

STARKER BELAG

Der Bodenbelag gehört mit zu den signifikantesten Gestaltungselementen im Innenraum. Und dies aufgrund der Tatsache, dass er als homogenes Material eine sehr große Fläche einnimmt und dadurch den Raumeindruck maßgeblich mitbestimmt. Bei der Wahl des passenden Fußbodens spielt neben der Optik auch die Beanspruchung eine große Rolle. Es macht einen gravierenden Unterschied, ob der Boden im Privatbereich, in einem Verkaufsraum, einer Industriehalle oder Werkstatt verlegt wird. Interessanterweise werden aber heute Böden, die für eine rein industrielle Anwendung entwickelt wurden, auch zunehmend im Wohnungsbau verwendet, wie beispielsweise der hoch belastbare Epoxydharzbelag, den man aus Tiefgaragen kennt.

Einteilen lässt sich die unendliche Vielfalt der Bodenbeläge in die Rubriken: textiler Belag (Teppichboden), elastischer Belag (Linoleum, Kork, PVC), Hartbelag (Parkett, Laminat) und mineralischer Belag (keramische Fliesen, Stein). Jede dieser Gattungen bietet eine Fülle an unterschiedlichen Oberflächenoptiken und Qualitäten. Keine Einschränkung gibt es außerdem in Bezug auf das gewünschte Format: Gewählt werden kann zwischen Fliesen, Bahnenware, Dielen oder fugenlosen Beschichtungen.

Material	Kalkstein
Verwendung	Bodenbelag / Innenausbau / Fassade
Besonderheit	Muscheleinschlüsse
Produktbezeichnung	Bianco Avorio / Giallo Dorato / Grigio Argento
Hersteller	Grassipietre www.grassipietre.com

Diese Steinsorten wurden bereits von den Römern eingesetzt. Im 16.Jahrhundert wurden sie dann weltberühmt durch die venezianischen Villen von Andrea Palladio.

Die Natursteintradition von Vicenza wird durch die Firma Grassipietre fortgesetzt, indem ihre wertvolle Erfahrung bei der Steinbearbeitung bewahrt und gleichzeitig aktuelle Technologien verwendet werden.

Wegen ihrer kalkhaltigen Beschaffenheit verfestigen sich die Natursteine von Vicenza mit der Zeit. Sie haben daher eine hohe Abrieb- und Rissfestigkeit, auch bei niedrigen Temperaturen und extrem harten Klimabedingungen.

Die drei berühmten Steinsorten von Vicenza: Bianco Avorio (Elfenbeinweiß), Giallo Dorato (Goldgelb), Grigio Argento (Silbergrau), können kombiniert werden, um fantasievolle Möglichkeiten mit leichten Farbkontrasten umzusetzen.

Die Oberfläche von Natursteinprodukten kann unterschiedlich bearbeitet werden: Schleifen, Bürsten, Kratzen und Sandstrahlen sind nur einige der Möglichkeiten, die angeboten werden.

Material	Laminat / Harz / Papier
Verwendung	Bodenbelag für Laden / Büro / Café
Besonderheit	Abriebklasse AC 4 / Schwer entflammbar (B1)
Produktbezeichnung	Laminat marena classic Steinbirke
Hersteller	Witex International Flooring GmbH www.witex.com

An Böden werden hohe Anforderungen gestellt, vor allem in öffentlichen Bereichen. Überall dort, wo viel Betrieb herrscht, kommt es auf eine gute Strapazierfähigkeit und die Pflegesicherheit an. Die Oberfläche von Laminatboden wird diesen Anforderungen gerecht und bietet außerdem den Vorteil einer zeitsparenden Montage.

Ein Material kann auch eine Markenphilosophie unterstützen, wie im Shop der Modemarke „Pimkie" in Berlin.
Das Architekturbüro Dan Pearlman sollte das ganzheitliche „Feel Pimkie"-Erlebnis in ein architektonisches Konzept im Industriestyle umwandeln. Dazu gehört auch die Bodenausstattung, in der die Gestaltungslinie fortgesetzt werden soll. Hier wurde der „Witex"-Laminatboden in der Optik der dunkel-anthrazitfarbenen Steinbirke verwendet. Um diesem Objekt gerecht zu werden, hat der Boden eine Anti-Statik-Ausstattung gegen unangenehme elektrische Entladungen und Schmutzanhaftungen. Für eine gute Raumakustik sorgt das Sound-Protect-Akustiksystem des Laminatbodens.

Material	Bambus in konzentrierter bzw. verdichteter Form
Verwendung	Terrassendielen / Decks / Veranden / Pooleinfassungen
Besonderheit	Rasch nachwachsender Rohstoff / Ökologisch / Kein Tropenholz
Produktbezeichnung	Cobam Terrassendiele
Hersteller	Bambusfarm www.bambusfarm.de

Für den Einsatz von Bambus spricht die hervorragende Ökobilanz. Kaum eine andere Pflanze produziert so schnell so viel Biomasse wie Bambus – ein beinahe unendliches Rohstoffpotenzial. In Asien ist Bambus schon seit Jahrtausenden fester kultureller Bestandteil und wird häufig als Baumaterial verwendet.

Als Bodenbelag bietet Bambus wesentliche Vorteile. Er ist vielen heimischen Hölzern in der Härte ebenbürtig. Sein vergleichsweise geringes Gewicht, die hohe Belastbarkeit auf Druck, Zug und Biegung sowie eine relativ leichte Verarbeitungsfähigkeit ermöglichen den vielfältigen Einsatz im Innen- und Außenbereich. Als Pooleinfassung z.B. hält es dem permanenten Kontakt mit Wasser stand.

Erhältlich ist Bambus nahezu unbearbeitet als Rohr, Parkett oder auch als Platte mit mehreren querverleimten Schichten. Ebenso wird es als hoch verdichtetes, gepresstes Bambusfasermaterial in Form von Bohlen und geriffelten Dielen als Terrassenbelag angeboten.

Material	Aluminiumprofile mit schmutzabreibenden Gummi-, Bürsten- oder Ripseinlagen
Verwendung	Eingangszonen im Außen- und Innenbereich mit starker Frequentierung
Besonderheit	Befahr- und berollbar
Produktbezeichnung	Typ 542 Plaza
Hersteller	Emco Bau- und Klimatechnik GmbH & Co. KG www.emco-bau.de

Das Entrée vermittelt den ersten Eindruck eines Objekts und verdient eine besondere Beachtung. Wirkungsvolle Schmutzfangzonen in Eingangsbereichen verlängern die Reinigungsintervalle für das gesamte Gebäude erheblich.

Durch Sauberlaufsysteme mit der neuen 3-Zonen-Reinigung bleiben bis zu 90 % des Straßenschmutzes und der Feuchtigkeit bereits beim Eintreten ins Gebäude auf der Strecke. Die erste Zone beseitigt den Grobschmutz mit Cassetenbürsten, durch die zweite Zone wird der Feinschmutz abgebürstet. Zuletzt übernimmt ein spezieller Bodenbelag mit textilem Charakter den Feuchteschutz.

Die Eingangsmattensysteme zeichnen sich neben ihrem hohen Gebrauchswert vor allem durch stilvolles Design aus. Bei der Produktreihe „Attaché" sind die Eingangszonen individuell nach Kundenwunsch gestaltet und eingefärbt erhältlich. Viele Wünsche für Form und Farbe sind realisierbar.

Material	Polyamid
Verwendung	Bodenbelag
Besonderheit	Extrem strapazierfähig / Große Farbpalette
Produktbezeichnung	Fulda PA
Hersteller	Filzfabrik Fulda GmbH & Co. KG www.fff-fulda.de

Teppichböden aus Nadelfilz sind extrem belastbar und werden auch als „Strapazierbelag" bezeichnet. Durch die hohe Beanspruchbarkeit erlauben sie ein breites Spektrum an Einsatzmöglichkeiten. In Erinnerung geblieben ist der Boden wahrscheinlich manchem aus dem Klassenzimmer, dessen Knie gegen den robusten Belag verloren haben.

Eingesetzt wird dieser Boden im stark frequentierten Objekt. Die Produktpalette der Bodenbeläge verfügt über Zusatzeigenschaften wie Stuhlrollen- und Feuchtraumeignung, insbesondere sind alle Qualitäten mit Schallschutzklasse SK1, leitfähiger Ausrüstung und vielen verschiedenen Farben lieferbar. Der Bodenbelag verbindet Ästhetik mit hohem Gebrauchswert. Einsatzorte sind z.B. Verwaltungen und Büros bei Banken, Versicherungen, Behörden, Flughäfen, Messeständen, Schulen, Sport- und Tennishallen sowie Computerräumen.

Material	Kunststoffholz
Verwendung	Terrassenbelag
Besonderheit	Extrudierbares Holz
Produktbezeichnung	Terraza
Hersteller	Werzalit GmbH & Co. KG www.werzalit.de

Am Anfang stand die Idee, den gewachsenen Werkstoff Holz zu formen. Daraus entwickelte sich dann ein patentiertes Verfahren. Fein zerspantes heimisches Frischholz wird mit speziellen Harzen unter Hitze und Druck in Form gepresst. Das Resultat ist ein hoch verdichteter, robuster Holzwerkstoff, bekannt unter dem Namen Werzalit.

Das verwendete Material für die Produkte vereint die besten Eigenschaften von Holzfasern und Kunststoff. Im Gegensatz zu Holz ist dieses Profil wesentlich formstabiler und beständiger gegen Feuchtigkeit und Kälte, sauren Regen, Salz- und Chlorwasser. Das besondere Material ist auch bei Nässe rutschfest und splittert nicht. Pilze und Insekten können ihm nichts anhaben – entsprechend einfach lässt es sich mit dem Dampfstrahler reinigen. Ein weiterer Vorteil ist das problemlose Recycling, da das „Kunstoffholz" unbehandelt ist. Die Oberfläche ist samtig matt, die grobe und feine Riffelung macht den Boden rutschfest. Zur Wahl stehen vier verschiedene Farben. Diese sind durchgefärbt, lichtecht, lichtbeständiger als Holz und nicht auswaschbar.

Material	Feinsteinzeugplatte
Verwendung	Boden- und Wandbelag
Besonderheit	Besondere Farben und Dessins / Fugenbild / Belastbarkeit
Produktbezeichnung	Geo Design
Hersteller	Graniti Fiandre www.granitifiandre.com

Die Herstellung von Keramik ist ein antikes Verfahren. Mit neuen Zusammensetzungen und modernen Technologien für Produktion und Verlegung werden heute die Anwendungsbereiche innovativ erweitert. Die entstehende Hightech-Ceramic ist besser bekannt unter der Bezeichnung „Feinsteinzeug".

Feinsteinzeug bietet Vorteile in puncto Glanz, Einheitlichkeit, Widerstandsfähigkeit und Wasseraufnahme. Bei der Produktlinie „Geo Design" wird die Wasserstrahltechnologie verwendet, um Feinsteinzeugplatten zu formen. Unter Einwirkung von sehr hohem Druck wird Wasser eine urgewaltige Kraft verliehen. Diese ermöglicht den Zuschnitt der gebrannten Platten. Dadurch wird eine unbegrenzte Freiheit bei der Auswahl der Formen geboten, mit der sich nahezu jede Gestaltungsidee verwirklichen lässt. Das bekannte Fugenbild kann völlig neu interpretiert werden. Auch Einleger aus anderen Materialien wie Glas oder Holz können verwendet werden. Die umfangreiche Produktpalette ist gleichermaßen für die Gestaltung von Wandverkleidungen und Bodenbelägen geeignet.

Material	Polyvinylchlorid (PVC) / Polypropylen (PP)
Verwendung	Bodenbelag
Besonderheit	Geeignet für Fußbodenheizung / Schwer entflammbar (B1)
Produktbezeichnung	PW2400C / PW1148A

Hersteller	Project Floors GmbH www.project-floors.com

Kunststoff-Bodenbeläge ermöglichen authentische Reproduktionen von Holz-, Stein- oder Metalloptiken. Der Materialaufbau setzt sich zusammen aus einer transparenten Nutzschicht, einem Druckfilm, der Stabilisierungsschicht und dem Rücken.

Bei dem Herstellungsprozess dieser Böden sind Farbabweichungen zwischen einzelnen Fliesen und Planken unvermeidbar, aber auch gewollt, da damit das natürliche Erscheinungsbild unterstrichen werden kann.
Die authentische Nachbildung von Holz, Granit, Marmor und anderen Naturmaterialien, gefertigt als Vinyl-Bodenbelag, wirkt verblüffend echt. Ein Vorteil im Vergleich zu anderen Bodenbelägen ist die extreme Haltbarkeit. Die Gestaltungsbeläge aus Kunststoff sind speziell für den stark beanspruchten Objekt- und Wohnbereich konzipiert. Je nach Einsatz und verwendetem Produkt werden bis zu 20 Jahre Gewährleistung erteilt.

Material	Markenpolyamid
Verwendung	Bodenbelag
Besonderheit	Geeignet für Hausstauballergiker / Hochflorig
Produktbezeichnung	Dream
Hersteller	Girloon GmbH & Co. KG www.girloon.de

Zu Isolations- und Schmuckzwecken wurden früher Felle auf den Boden gelegt. Heute sind die Felle durch textile Bodenbeläge, den klassischen Teppichboden abgelöst worden. Schmuck und Isolation sind immer noch Thema.

Als großflächige „Bodentextilie" bestimmt der Teppichboden maßgeblich das Raumempfinden. Die funktionalen Eigenschaften bieten Wärme- und Geräuschdämmung sowie Trittsicherheit. Entgegen langjähriger Behauptungen ist der Teppichboden auch für Hausstauballergiker geeignet, da der im Raum befindliche Staub vom Belag gebunden wird. Das Produkt „Dream" hat einen hohen ästhetischen und emotionalen Anspruch. Der hochflorige Bodenbelag ist aus dem Markengarn „Antron" gefertigt und verleiht der Faser ein gutes „Stehvermögen". Er ist als abgefasster Teppich oder Rollenware in 31 frischen Farben zu bekommen.

Material	Holz
Verwendung	Fußbodenbelag
Besonderheit	Geeignet für Feuchträume
Produktbezeichnung	Marinaflexx Parkett
Hersteller	Menotti Parkett www.menottiparkett.de

Parkett im Badezimmer? Eine schöne Vorstellung aufgrund der Tatsache, dass Parkettböden auch barfuß angenehm fußwarm sind. Leider reagieren sie auf Feuchtigkeit empfindlich, vor allem wenn Wasser in die Fugen dringt und das Holz zum Quellen bringt.

Dieses Fertigparkett kann auch in Feuchträumen eingesetzt werden. Zwischen den einzelnen Dielen befinden sich wasserundurchlässige Dehnfugen. Diese sind aus einem flexiblen Material und gegen Süß- und Salzwasser, schwache Säuren und Laugen sowie UV-Strahlen und Hitze bis 90 °C beständig. Als Ersatz für die wasserresistenten Tropenhölzer wird Thermoholz verwendet. Es besteht aus heimischem Laubholz und wird durch ein thermisches Verfahren bei Temperaturen zwischen 170 und 230 °C gezielt in seinen Eigenschaften verändert. Chemische Hilfsstoffe kommen nicht zum Einsatz. Je nach Temperatur erhält das Holz unterschiedliche warme Farbtöne von rötlich bis edelschwarz und ist gut feuchtebeständig.

HOLOGRAFISCH GLAS PANEELE TRANSLUZENZ ANMUTUNG BESCHATTUNGSGEWEBE ACRYLGLAS LICHTDURCHLÄSSIGKEIT FENSTER BRILLANZ TRANSPARENZ REGENBOGEN SCHATTENWÜRFE LICHTBETON LICHTLEITUNG EFFEKTE EIS MODULIERT ATMOSPHÄRE

SICHTBAR TRANSPARENT

Die Eigenschaft eines Materials, elektromagnetische Wellen durch sich hindurchzulassen, nennt man Transmission. Allgemein spricht man von Transparenz, wenn ein Material durchsichtig ist und man einen dahinter befindlichen Gegendstand klar erkennen kann, wie beispielsweise bei Fensterglas. Transluzente Materialien wie eine Milchglasscheibe dagegen lassen zwar Licht durchscheinen, erlauben aber nur eine diffuse Durchsicht. Opake Materialien hingegen sind lichtundurchlässig.

Variationen von Durch- und Einsicht sind ein beliebtes und spannendes Gestaltungselement. Die Qualität von lichtdurchfluteten Innenräumen wird mit großen Fensterflächen oder ganzen Glasfassaden realisiert und ist mit künstlicher Beleuchtung nicht zu vergleichen. Die Transparenz hat aber auch ihre Schattenseiten: Neben dem erwünschten Tageslicht, das durch die Fensterflächen fällt, gilt es auch die damit verbundene Wärmeentwicklung im Innenraum zu beachten und zu regulieren.

Material	Holografische Scheibe
Verwendung	Fassadengestaltung
Besonderheit	Hologramm / Transparent / Brillante Farbwechsel
Produktbezeichnung	HoloSign
Hersteller	G + B Pronova GmbH www.holopro.de

Hologramme sind bekannt von Kreditkarten, Geldscheinen oder dem Personalausweis. Sie üben eine gewisse Faszination aus und verleiten dazu, diesen Effekt auch großflächig einzusetzen. Ermöglicht wird das jetzt mit neuen Gläsern, die sogar für komplette Fassaden als Hologramm eingesetzt werden können.

Lebendige Fassaden mit sich immer wieder ändernden Farben und Formen lassen sich mit holografischen Scheiben realisieren. Es werden dabei keine Bilder von einem Projektor auf eine Projektionsfläche geworfen, sondern ein feststehendes Motiv ist auf einer holografischen Folie in der Scheibe hinterlegt, das durch die auftreffende Sonne in äußerst intensiven Farben erstrahlt. Das weiße Licht wird durch holografisch-optische Elemente in seine spektralen Bestandteile zerlegt, ähnlich wie beim Regenbogen. Die entstehenden Farben ändern sich, wenn sich die Lichtquelle oder der Betrachter bewegt. Die Farbeffekte sind von der Rückseite nicht sichtbar, sodass auch normale Fenster gestaltet werden können. Von innen bleiben die Fenster transparent.

Material	Glas
Verwendung	Innen- und Außenanwendung
Besonderheit	Farbiges Verbundsicherheitsglas
Produktbezeichnung	Lamex Colorprint und Lamex Colordesign
Hersteller	Glas Trösch Beratungs-GmbH www.glastroesch.de

Werden Farben der Witterung ausgesetzt, bleichen sie im Allgemeinen stark aus, gut zu beobachten an älteren Sonnenschirmen oder Markisen. Wer aber auf kräftige Akzente nicht verzichten möchte, findet mit farbigem Glas eine dauerhaft haltbare Lösung, dem auch Sonne, Wind und Wetter nicht die roten Backen ausbleichen können.

Farbiges Glas unterstützt im Außenbereich die Fernwirkung eines Gebäudes oder Bauteils. Im Innenraum können Stimmungen geschaffen werden, die mit farblosen Gläsern nicht erreichbar sind. Das Licht wird durch die Farbe „moduliert“ und schafft somit Atmosphäre durch verfeinerte Wahrnehmungsprozesse. Das farbige Verbundsicherheitsglas „Lamex Colordesign“ verbindet Funktion und Ästhetik. Transparentes, transluzentes oder opakes VSG (Verbundsicherheitsglas) ist in mehr als 1000 Farbnuancen zu haben und in nahezu unendlich vielen Bereichen einsetzbar. Es ist auch als Isolierglas in Verbindung mit Wärmedämmung, Sonnen- und Brandschutz lieferbar.

Material	Kunststoff
Verwendung	Bars / Trennwände / Duschen / Ausstattungen / Eisräume
Besonderheit	Schlagzäh / Schwer entflammbar (B1)
Produktbezeichnung	GEO Brick

Vertrieb GEOtec Zeichen- und Kunststofftechnik GmbH
www.geotec-at.com

Das ganze Jahr über an der Eisbar stehen oder im warmen Iglu entspannen und vom Schnee träumen: Machbar mit Eisblöcken, die nicht schmelzen und sich daher für dauerhafte architektonische Anwendungen eignen.

Durch die Verwendung eines stabilen transparenten Kunststoffs, der mit deutlichen Verläufen ausgehärtet ist, wird die für Eis typische Optik erreicht. Die „Eisblöcke" sind in Blockform zu 25 bzw. 50 Zentimetern Länge oder in gerundeter Form in verschiedenen Radien lieferbar.

Im Baukasten-Stecksystem lassen sich daraus transparente Trennwände, Duschkabinen, Eisräume im Wellnessbereich oder effektvolle Bareinrichtungen gestalten. Besonders gut kommt der Effekt zur Geltung, wenn die Blöcke mit farbigem, bevorzugt blauem Licht hinterleuchtet werden.

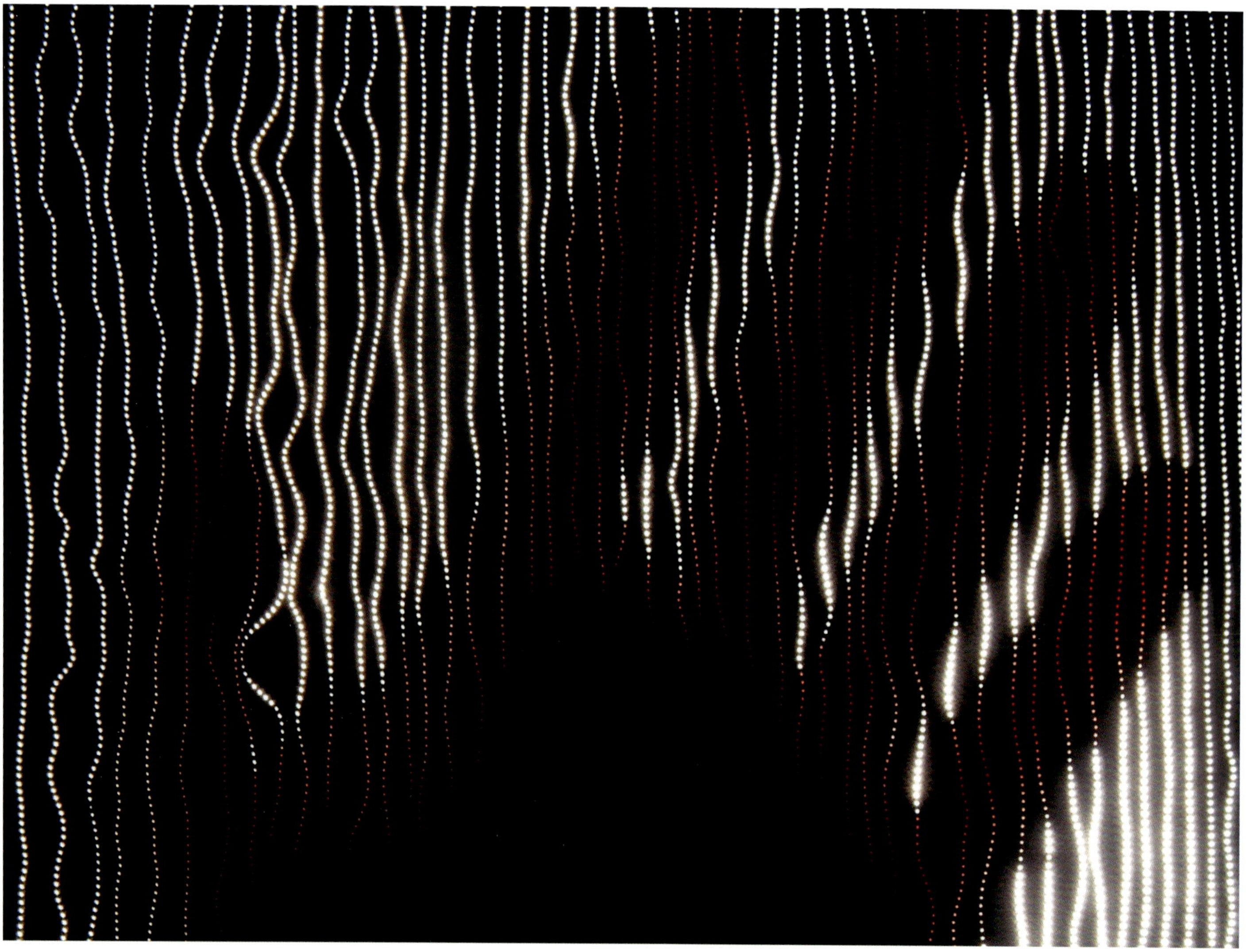

Material	Beton / Lichtleitende Fasern
Verwendung	Innenausbau / Möbel / Bodenbeläge / Leuchten / Betondesign
Besonderheit	Lichtdurchlässiger Beton
Produktbezeichnung	Luccon
Hersteller	HeidelbergCement AG www.luccon.de

Die Schildbürger scheiterten an dem Versuch, Licht in Säcken in ihr neues Rathaus zu tragen, da sie vergessen hatten, Fenster einzubauen. Das kann mit diesem Wundermaterial nicht passieren – jetzt wird Beton lichtdurchlässig.

Die Suche nach der Möglichkeit, Licht durch eine Betonwand zu leiten, führte zu der Idee des transluzenten Betons. Aus Feinbeton und einem lichtleitenden Gewebe werden in einem Spezialverfahren Platten hergestellt. Das Material, auch als „Lichtbeton" bezeichnet, entspricht der Festigkeit von herkömmlichem Beton. Der neue Werkstoff ermöglicht daher ungeahnte Effekte im Massivbau.

Die annähernd verlustfreie Lichtleitung durch die optischen Fasern ermöglicht es, Licht, Schattenwürfe, Bewegungen und sogar Farben durch den Beton zu sehen – selbst bei großen Wandstärken. Die vorgefertigten Platten werden werkseitig in Lavagrau hergestellt und geliefert. Alle gängigen Bearbeitungsmethoden des Betons sind möglich.

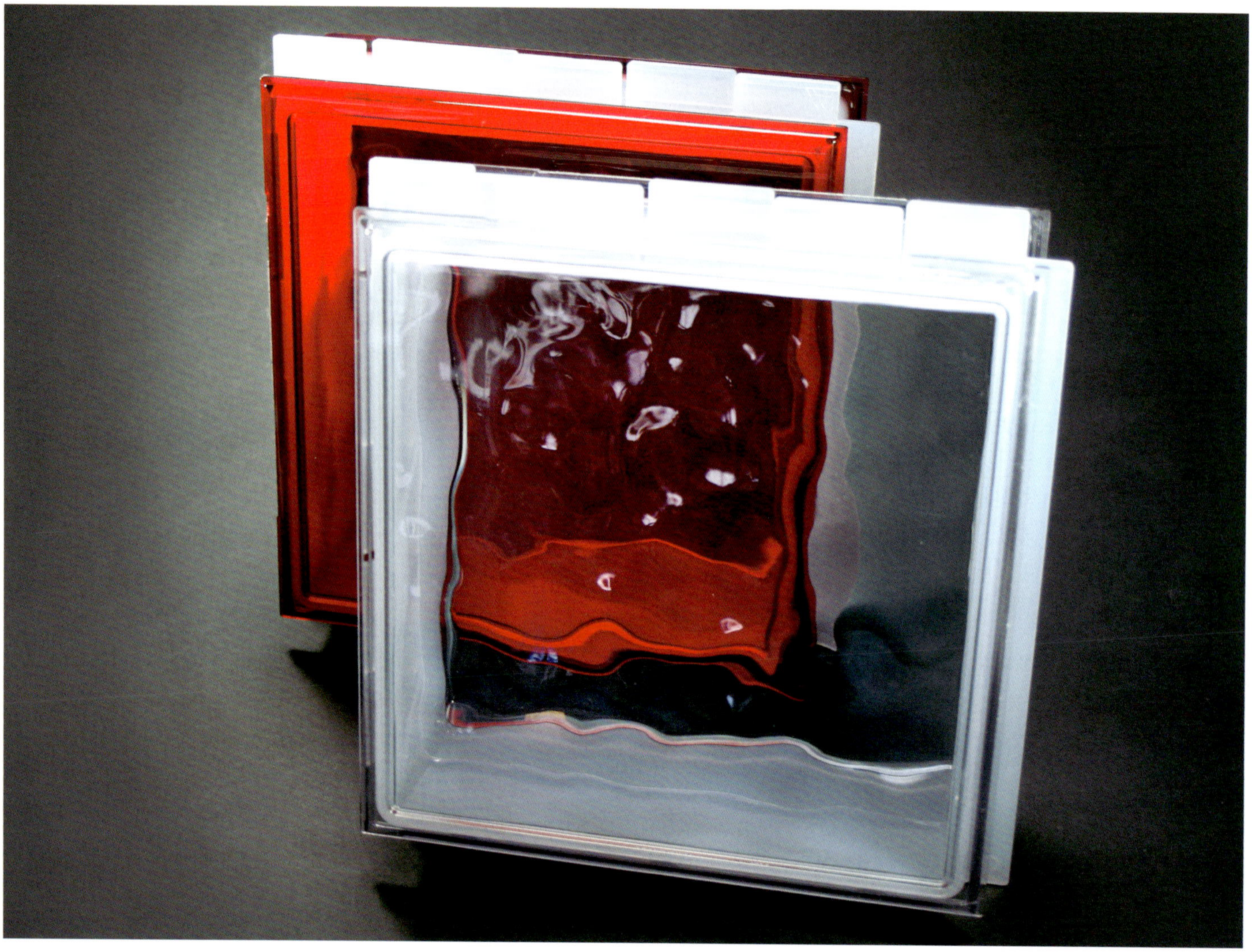

Material	Acrylglas
Verwendung	Innen- und Außenbereich
Besonderheit	Einfaches Stecksystem / Demontierbar
Produktbezeichnung	X-Block Glasbaustein aus Kunststoff
Hersteller	Polymer-Kunststoffe GmbH www.polymergmbh.de

Glasbausteine sind aufgrund ihrer einfachen modularen Handhabung bei Hobbyhandwerkern beliebt. Sie haben allerdings ein nicht unerhebliches Gewicht und kommen daher für temporäre Konstruktionen eher weniger infrage. Der „X-Block" hat keine Gewichtsprobleme und eröffnet auch neue Anwendungen von „Glasbausteinen".

Der Glasbaustein aus Acrylglas wurde zur individuellen Gestaltung von transparenten Wänden im Innenbereich entwickelt. Die transparenten, in jeder beliebigen Farbe einzufärbenden Bausteine aus hochwertigem, witterungsbeständigem Acrylglas besitzen eine hohe Bruchfestigkeit. Das Standardsortiment besteht aus zwei unterschiedlichen Oberflächen und 9 verschiedenen Farben.

Die einfache und kostengünstige Montage schafft ein hohes Maß an Flexibilität. Durch schnellen Auf- oder Umbau eignet sich das Material besonders für den Messebau. Das Verbindungssystem, das ohne Mörtel auskommt, ist leicht zu handhaben. Weitere Anwendungsgebiete finden sich im Ladenbau, als Raumteiler, Theke oder in eine Leichtbauwand integriert.

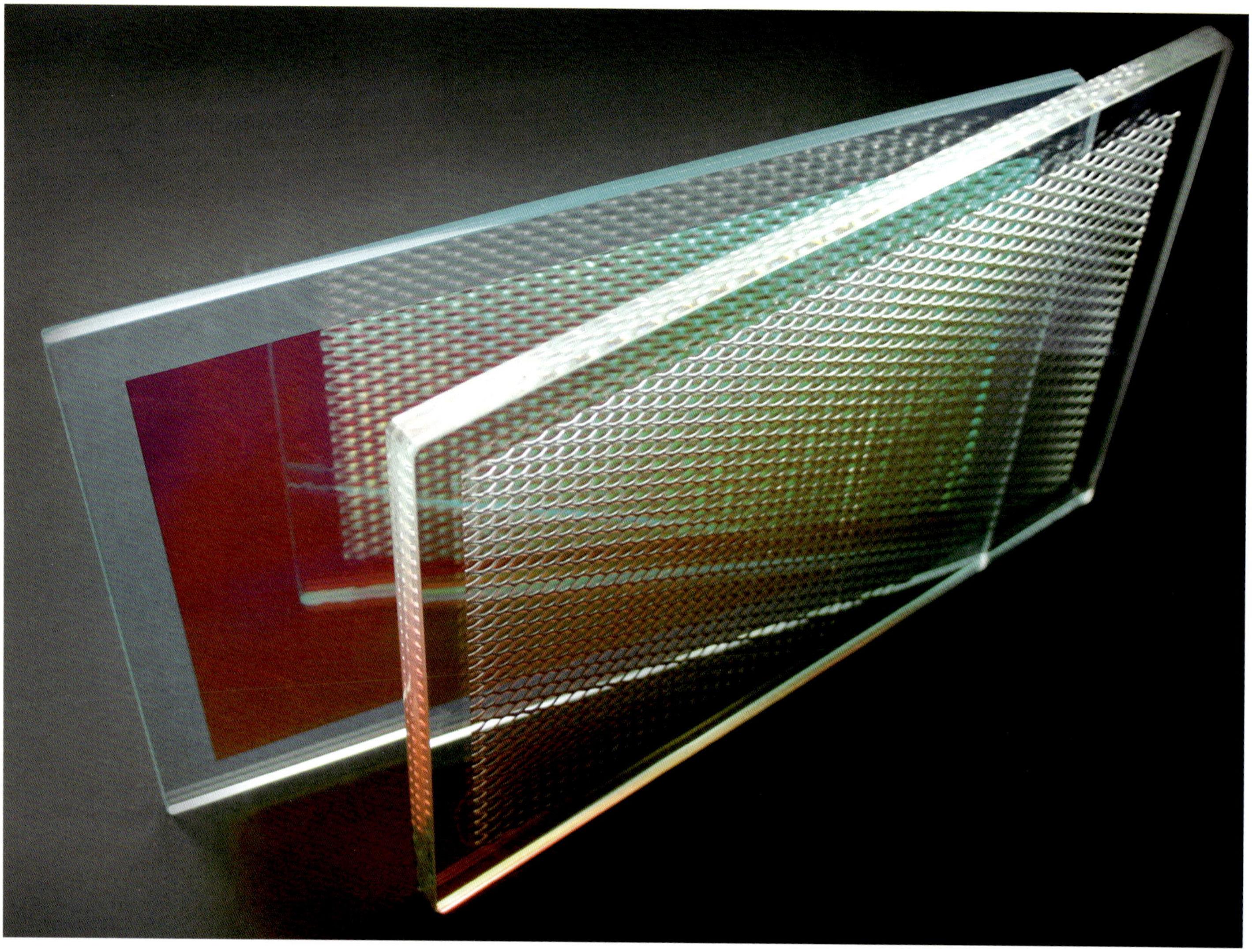

Material	Glas / Metall
Verwendung	Treppe
Besonderheit	Ganzglaskonstruktion
Produktbezeichnung	Glastreppe
Hersteller	Seele GmbH & Co. KG
	www.seele-online.com

Konstruktionen aus statisch tragendem Glas sind extrem schwer zu planen und immer noch Pionierland. Sie benötigen die Zustimmung im Einzelfall, um bauaufsichtlich zugelassen zu werden. Die angestrebte Maxime „Minimale Konstruktion – maximale Transparenz" kommt bei Ganzglastreppen besonders gut zur Geltung und zeigt, was heute technisch möglich ist.

Die 2006 als weltweit größte Ganzglastreppe ausgezeichnete Konstruktion besteht komplett aus Verbund-Sicherheitsglas und ist frei tragend. Nicht nur die Stufen, sondern auch die Treppenwangen und Auflager bestehen aus Glas. Bei dieser Ausführung entfallen die aufwändigen und statisch eher schwierigen Bohrungen in den Glaswangen.

Die Elemente werden nur über kraftschlüssig laminierte Beschlagteile miteinander verbunden. Realisiert werden konnte die beeindruckende Treppe durch den Einsatz der neuen „SentryGlas Plus Folie" und einer speziell entwickelten Laminiertechnik.

Material	Acrylglas
Verwendung	Überdachungen / Carports / Messe- und Ladenbau / Abtrennungen
Besonderheit	10-Jahres-Garantie / Schlagfest / Leicht
Produktbezeichnung	RoecoWELL 76/18
Hersteller	Röber GmbH www.roeber-kunststoffe.de

Als Überdachungen von Carports sind diese Platten bekannt. Aufgrund der besonderen Eigenschaften erfreuen sich die Acrylglasplatten aber auch einer zunehmenden Beliebtheit im Ladenbau.

Acrylglas ist elfmal bruchfester als normales Glas, jedoch wesentlich leichter. Neben dem produkttypisch sehr guten UV-Schutz und der hohen Witterungsbeständigkeit bieten die Sinuswellplatten auch Vorteile beim Handling aufgrund der einfacheren Verarbeitung und des Gewichts. Die Platten bieten außerdem eine gute Verletzungssicherheit und sind schlagfest. Aus extrudiertem Acrylglas hergestellt besitzen sie eine hohe Brillanz und Transparenz und erreichen dadurch auch die hohe Lichtdurchlässigkeit. In den Farben Klar und Rauchbraun erhältlich eignen sie sich für Überdachungen, Messe- und Ladenbau sowie Abtrennungen.

Material	PVC-beschichtetes Polyestergewebe
Verwendung	Innen und außen liegender Sonnenschutz / Raumteiler
Besonderheit	Bedruckbar / UV-resistent
Produktbezeichnung	Flashguard
Hersteller	Mehler Texnologies GmbH www.mehler-texnologies.com

Große Fensterflächen bringen viel Licht und Transparenz in den Raum, lassen aber natürlich auch die Wärme der Sonnenstrahlen ungehindert passieren. Im Sommer führt dies zu einer so starken Erwärmung der Räume, dass dann mit Klimaanlagen wieder gekühlt werden muss. Dieser sinnlose Energieaufwand kann allerdings mit einer sinnvollen Beschattung der Fenster spürbar reduziert werden.

Beschattungsgewebe absorbieren bzw. reflektieren den überwiegenden Teil der in den Sonnenstrahlen enthaltenen Energie. Die Sonneneinstrahlung wird dabei gedämpft. Störendes Blenden, vor allem an Computerarbeitsplätzen, wird vermieden. Speziell in den heißen Sommermonaten gewährleisten Beschattungsgewebe eine angenehme Raumtemperatur und dadurch eine effektive Arbeitsatmosphäre. Auf die Zuschaltung energieintensiver Klimatisierung kann verzichtet werden. Das Spezialgewebe kann als Außen- und Innenbeschattung eingesetzt werden. Neben der Beschattung im gewerblichen Bereich ist das Material auch im privat-häuslichen Bereich, z.B. als Sonnensegel, vielseitig einsetzbar.

Material	Glasfaserverstärkter Kunststoff
Verwendung	Möbel / Wand- und Deckenverkleidungen / Leuchten
Besonderheit	Transluzenz / Schwer entflammbar (B1)
Produktbezeichnung	Halusite mit Fasergewebe

Hersteller	Halusite GmbH www.halusite.de

Aus diesem Spezialkunststoff werden zum einen Sonderkonstruktionen, wie geometrisch anspruchsvolle Formteile z.B. für den Schiffsbau gefertigt. Zum anderen gibt es auch industriell gefertigte Massenware und Halbzeuge. Der Werkstoff wird inzwischen auch immer öfter im Bauwesen eingesetzt, da maßgeschneiderte technische und gestalterische Lösungen umgesetzt werden können.

Die Besonderheit an diesem faserverstärkten Kunststoff ist seine hohe Transluzenz und die hervorragende Brandbeständigkeit (B1) sowie die geringe Wärmeleitfähigkeit. Das Material kann in vielen unterschiedlichen Farben hergestellt werden. In Kombination mit anderen Materialien wie beispielsweise Aluminiumschaum oder Edelstahlgewebe werden faszinierende Effekte und atmosphärische Wirkungen erzielt. Im Showroom „Orwell", der vom Designstudio Christian Büsen entworfen wurde, kam das Material in Verbindung mit Fasergewebe zum Einsatz. Durch Einbettung des speziellen Gewebes zeigt es eine sehr edle Anmutung. Die Transluzenz ist nicht ganz so hoch, für eine Hinterleuchtung jedoch perfekt.

Material	Polycarbonat
Verwendung	Fassade / Dachverglasung / Trennwand / Messebau
Besonderheit	Stabil / Energiesparender U-Wert / UV-geschützte Außenseite / Verschiedene Einfärbungen
Produktbezeichnung	MFP2610-4
Hersteller	Rodeca GmbH www.rodeca.de

Bei Industrie- und Sporthallenverglasungen bieten Polycarbonat-Paneele entscheidende Vorteile, wie z.B. schnelle Montage- und Bauzeiten. Die Fassadenelemente können an einem Stück mehr als 200 Meter lang und 25 Meter hoch sein. Allerdings werden diese Abmessungen durch die eingeschränkten Transportmöglichkeiten begrenzt.

Polycarbonat ist ein fast unzerbrechliches Material und eignet sich daher besonders gut für die Verwendung von transparenten Bauelementen. Mit den neuen Design-Serien „Color", „Bi-Color" und „Deko-Color" eröffnen sich weitere Möglichkeiten für die Fassaden- und Innenraumgestaltung. Durch den Einsatz farblich abgestimmter Paneele lassen sich unverwechselbare Gestaltungs- und Lichteffekte und eine gute Tageslichtqualität in den Gebäuden erzielen. Das Material wird mit einer Nut-und-Feder-Verbindung zusammengesteckt und wirkt wärmedämmend. Die Paneele können wahlweise nur auf der Innen- oder Außenschale in dem Wunschfarbton transparent eingefärbt werden, womit sich ein sehr interessanter 3D-Effekt erzielen lässt.

HAUCHDÜNN FURNIER GEWICHTSEINSPARUNG SEGEL VLIES VOLUMEN EIGENGEWICHT FOLIEN PAPIERWABE GFK WABENSTRUKTUR SPEZIALKLEBER LEICHTIGKEIT SPANNWEITE STABIL SPACHTELMASSE GITTERGEWEBE RESSOURCENSCHONUNG SANDWICHPLATTEN

LUFTIG LEICHT

Es ist schwer, leicht zu sein.
Der Leichtbau hat die maximale Gewichtseinsparung zum Ziel. Im Rennsport oder der Raumfahrt ist das Thema fest etabliert, da jedes unnötig bewegte Gramm die Performance schmälert, Energie vergeudet und Kosten verursacht. Leichtbau kann auf unterschiedliche Art und Weise realisiert werden. Beim Werkstoffleichtbau wird beispielsweise durch den Austausch von Materialien Gewicht eingespart, beim konstruktiven Leichtbau wird das Ziel mit der Konstruktion erreicht, z.B. durch den Einsatz von Sandwichplatten oder Fachwerkträgern. Neben der Gewichtseinsparung beim Leichtbau ergibt sich auch der angenehme Effekt der Ressourcenschonung. Durch den verminderten Verbrauch von Rohstoffen kann eine Kostensenkung erreicht werden. Dies führt zusätzlich zu einer Umweltentlastung bei Gewinnung des Stoffs und seiner Entsorgung.
In der Architektur und im Design findet die Auseinandersetzung mit dem Gewicht inzwischen zunehmende Beachtung, wenn auch aus teilweise anderen Beweggründen. Selbst wenn Bauwerke normalerweise nicht bewegt werden, spielt doch auch hier die verbaute Masse eine gewichtige Rolle, da die einzelnen Bauteile und Rohstoffe zur Baustelle geliefert werden und auf ihrem Weg gewichtsabhängige Transportkosten verursachen. Die Gewichtsreduzierung birgt weitere Vorteile: Größere Spannweiten werden möglich, durch schlankere Dimensionen kann graziler entworfen werden und unsere zunehmend mobiler werdende Gesellschaft fordert Visionen auch im Bauwesen.

Material	58% PES-Metall, 42% Polyester
Verwendung	Innenraumdekoration
Besonderheit	Das Textil hat zahlreiche Designpreise gewonnen
Produktbezeichnung	Stratos
Hersteller	Nya Nordiska Textiles GmbH www.nya.com

Wie in der Modewelt werden jedes Jahr wieder neue Textiltrends von findigen Trendforschern ausgespäht. Doch auch in dieser Branche gibt es klassische Hersteller, die mit ihren Kollektionen über Trends erhaben sind bzw. selbst zu Trendsettern werden.

Textilien mit dem Charakter von Metallfolien, goldglänzende Glittergewebe oder silberne Strukturen findet man in den Nya-Nordiska-Welten. Die Textilien werden erst auf den zweiten Blick als solche wahrgenommen. Dass mit solch ausgefallenen Dessins innovativ umgegangen werden kann, scheint selbstverständlich. Nya Nordiska definiert eine klare Formensprache und hohen Qualitätsanspruch als die Grundmaximen der hochwertigen Dekorations- und Möbelbezugsstoffe für den Privat- und Objektbereich. Die gesamte Kollektion umfasst insgesamt mehr als 700 Artikel mit über 6500 Farbvarianten, welche ausschließlich über den Fachhandel, Raumausstatter und exklusive Inneneinrichter vertrieben werden.

Material	Sechseck-Papierwabe / Feinspanplatte
Verwendung	Innenausbau / Ladenbau / Messebau
Besonderheit	Hohe Stabilität bei geringem Gewicht
Produktbezeichnung	Eurolight roh / Eurolight Dekor
Hersteller	Egger Holzwerkstoffe www.egger.de

Dem Leichtbau gehört die Zukunft. Aufgrund steigender Rohstoffpreise, der immer mobiler werdenden Gesellschaft und hoher Transportkosten spielt das Gewicht nicht mehr nur in der Raumfahrt eine Rolle, sondern ist inzwischen in der Möbelindustrie ein heiß diskutiertes Thema.

Die Leichtbauplatte hat einen Kern aus einer Sechseck-Papierwabe und Decklagen aus Feinspanplatten roh, individuell mit Melaminbeschichtung oder Schichtstoff in allen denkbaren Farben und Mustern belegt. Das Besondere an dieser neuen Konstruktion sind die dickeren Decklagen, durch welche die Kanten direkt angeleimt werden können, ohne einen zusätzlichen Steg zu benötigen. Die Einsatzbereiche liegen im Laden- und Messebau, bei Innentüren, Tischen, Regalen, variablen Büroeinrichtungen, modernen Wohnraumkonzepten und nicht zuletzt bei Küchen und Arbeitsplatten. „Eurolight" bietet die Möglichkeit, moderne und zeitgemäße Designideen mit Leichtigkeit zu realisieren.

Material	Mineralische Spachtelmasse / MDF
Verwendung	Innenausbau / Messebau
Besonderheit	Leicht / Imitation von Betonoptik
Produktbezeichnung	Imi-Beton
Hersteller	WVS – Werkstoff-Verbund-Systeme GmbH www.wvs-ostrowski.de

Sichtbeton ist in der Architektur ein gern genutztes Gestaltungsmittel. Da liegt es nahe, dass die aktuelle Optik von blanken Betonwänden auch im Messebau gewünscht wird. Im schnelllebigen Messebetrieb kann allerdings nicht wirklich mit einem Betonmischer angerückt oder schweres Gerät für Fertigteilelemente aufgefahren werden.

Sichtbetonoptik in Verbindung mit Leichtbau ermöglicht dieses Produkt. Die beschichteten Platten sehen aus wie massiver Beton. Neben dem Gewicht ist die Verarbeitung ein weiterer Vorteil. Mit allen handelsüblichen Tischlerwerkzeugen und Maschinen kann dieser „Beton" schnell, flächendeckend und einfach bearbeitet werden. Möglich macht das eine flexible mineralische Spachtelmasse mit natürlichem Marmorsand, die nur wenige Millimeter auf eine Holzwerkstoffplatte wie z.B. eine mitteldichte Faserplatte (MDF) oder eine hoch verdichtete Faserplatte (HDF) gepresst wird. Durch verschiedene Matrizen kann eine Oberflächenoptik in Glatt- oder in typischer Brettschalung erreicht werden.

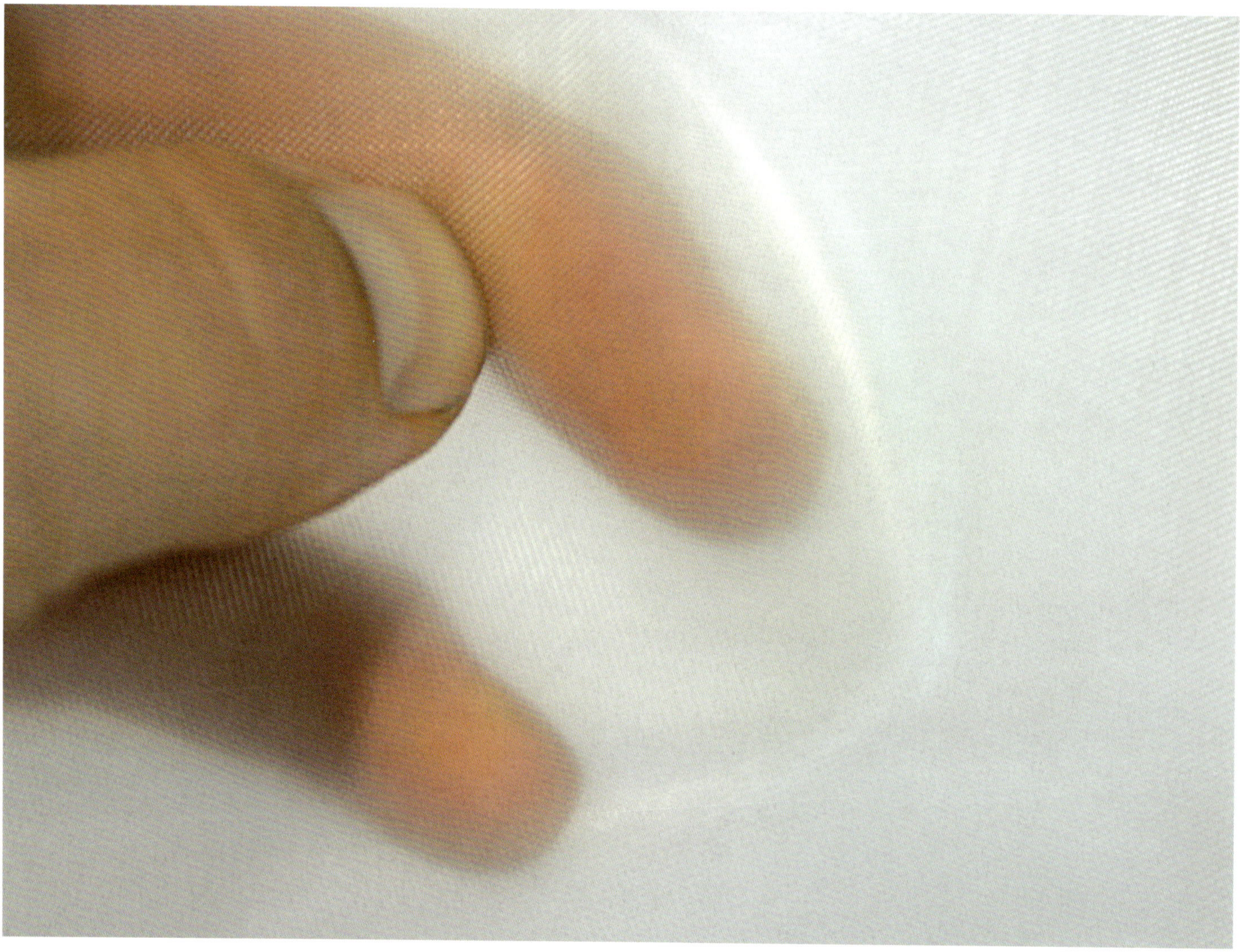

Material	Flourpolymer
Verwendung	Segelkonstruktionen für Innen- und Außenanwendungen
Besonderheit	Haltbarkeit > 25 Jahre / Minimales Anschmutzverhalten / Absolut wasserdicht
Produktbezeichnung	aeroflon / aerolight / aerosound
Hersteller	Aeronautec GmbH www.aeronautec.de

Textilien werden für Segelkonstruktionen und im Bereich der Yacht- und Luftfahrt schon seit Jahrhunderten eingesetzt. Heute wird mit den so genannten technischen Textilien auch zunehmend in der Architektur im Innen- und Außenbereich geplant und gebaut.

Aufgrund der Entwicklung von witterungsresistenten Kunststoffen ist die textile Architektur weiter auf dem Vormarsch. Leichtigkeit, Licht und Ästhetik werden bei Architekturgeweben vereinbart. Das geringe Flächengewicht der Spezialtextilien ermöglicht große Spannweiten bei hoher Festigkeit und guter UV-Beständigkeit. Sie sind langlebig, farbecht, schwer entflammbar und zeigen eine Lichtdurchlässigkeit von bis zu 90% bei hohem Streulichtanteil. Eingesetzt als Sonnensegel spendet das Textil „aeroflon" nicht nur Schatten, sondern schützt auch vor Regen, da es zu 100% wasserdicht ist.

Material	Kunststoff PMMA
Verwendung	Innenausbau / Messe-, Laden- und Leichtbau
Besonderheit	Dreidimensionale Optik mit Lichtstreueffekten
Produktbezeichnung	ViewPan
Hersteller	Wacotech GmbH & Co. KG www.wacotech.de

Hightech trifft Optik. Eine neu entwickelte Wabenstruktur dient als Kern für diese leichten Sandwichplatten. Die speziell geformten Waben aus glasklarem Kunststoff werden beidseitig mit transparenten Deckschichten verklebt. Dadurch entsteht ein leichtes und dennoch biegesteifes, transluzentes Paneel.

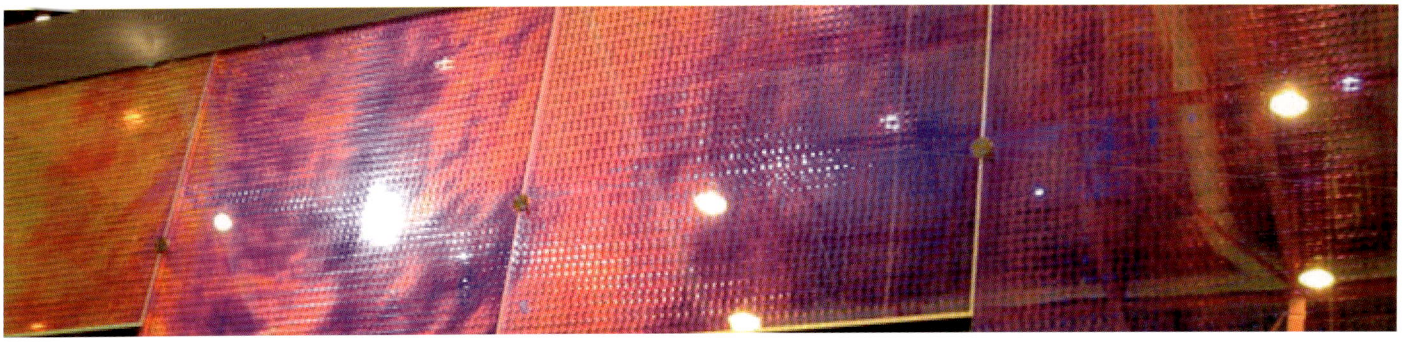

Bedingt durch die Wabenstruktur im Inneren der Platten ergeben sich je nach Betrachtungswinkel und Lichteinwirkung interessante optische Effekte sowie eine dreidimensionale Tiefenwirkung. Als Deckschichten können Kunststoffplatten (PET, Polycarbonat oder Plexiglas) sowie Glas eingesetzt werden. Es kommen klare, matte, strukturierte und/oder farbige Materialien infrage. Ein Spezialkleber verbindet Wabe und Deckschicht dauerhaft. Der Klebstoff ist glasklar, licht- bzw. UV-stabil und zäh-elastisch.

Material	PES Trevira CS
Verwendung	Messe- und Ladenbau / Büro / Privatbereich
Besonderheit	Große Farbauswahl / Schwer entflammbar (B1) / Raumluft verbessernd
Produktbezeichnung	Ado Cordon Fadenvorhang
Hersteller	Ado Gardinenwerke GmbH & Co. KG www.ado-cordon.com

Eine Idee so einfach und doch so wirkungsvoll: viele Fäden nebeneinander aufgehängt ergeben einen effektvollen Vorhang. Ein besonderes Merkmal dieses Klassikers der Wohnkultur ist die Tatsache, dass die Fadengardine ein Durchgehen an jeder Stelle ermöglicht und daher auch oft als „Tür" eingesetzt wird.

Das Original der Fadenvorhänge kommt aus dem Hause Ado und wird aktuell unter dem Produktnamen „Cordon" vertrieben. Die Fäden können bis zu einer Länge von 16 Metern produziert werden. Das macht den Vorhang im privaten wie im öffentlichen Bereich universell einsetzbar. Der Klassiker ist gleichzeitig ein Produkt von morgen, was die Materialien betrifft. Zum Einsatz kommt eine – je nach Farbstellung verfügbare – spezielle Ausstattung mit einer Technologie zur Verbesserung der Raumluft. Diese spezielle Formel ist in der Lage, unangenehme Gerüche und Schadstoffe bei Kontakt in ihre harmlosen Grundbestandteile Kohlendioxid und Wasserdampf aufzuspalten. Weitere Produkteigenschaften sind die antistatische Dauerausrüstung, Lichtechtheit und Schwerentflammbarkeit.

Material	GFK (Glasfaserkunststoff)
Verwendung	Profile für Fenster und Fassaden
Besonderheit	Transluzent / Große Spannweiten
Produktbezeichnung	GFK-Profile für Fenster und Fassaden
Hersteller	Fiberline www.fiberline.de

Eine zukunftweisende Fassadentechnologie vereint die Vorzüge von Glas und glasfaserverstärktem Kunststoff (GFK). Großflächige Verglasungen mit kaum sichtbarer Tragstruktur werden ermöglicht, wenn Profile aus GFK eingesetzt werden.

Glas und GFK ergänzen sich hervorragend. Das einheitliche Wärmeausdehnungsverhalten der beiden Materialien ist ein entscheidender Vorteil, den man mit den im Glasbau bislang üblichen Materialkombinationen nicht erzielen konnte. Außerdem beträgt die Wärmeleitfähigkeit von glasfaserverstärktem Kunststoff nur einen Bruchteil dessen von Aluminium, wodurch Wärmebrücken deutlich reduziert werden können. Da Glas und Rahmen gemeinsam tragen, können Fassadenprofile mit sehr schlanken Ansichtsbreiten erreicht werden. Fassadenbauteile aus GFK sind leicht und bis zu einem gewissen Grad transluzent. Dies ergibt vollkommen neue architektonische Möglichkeiten.

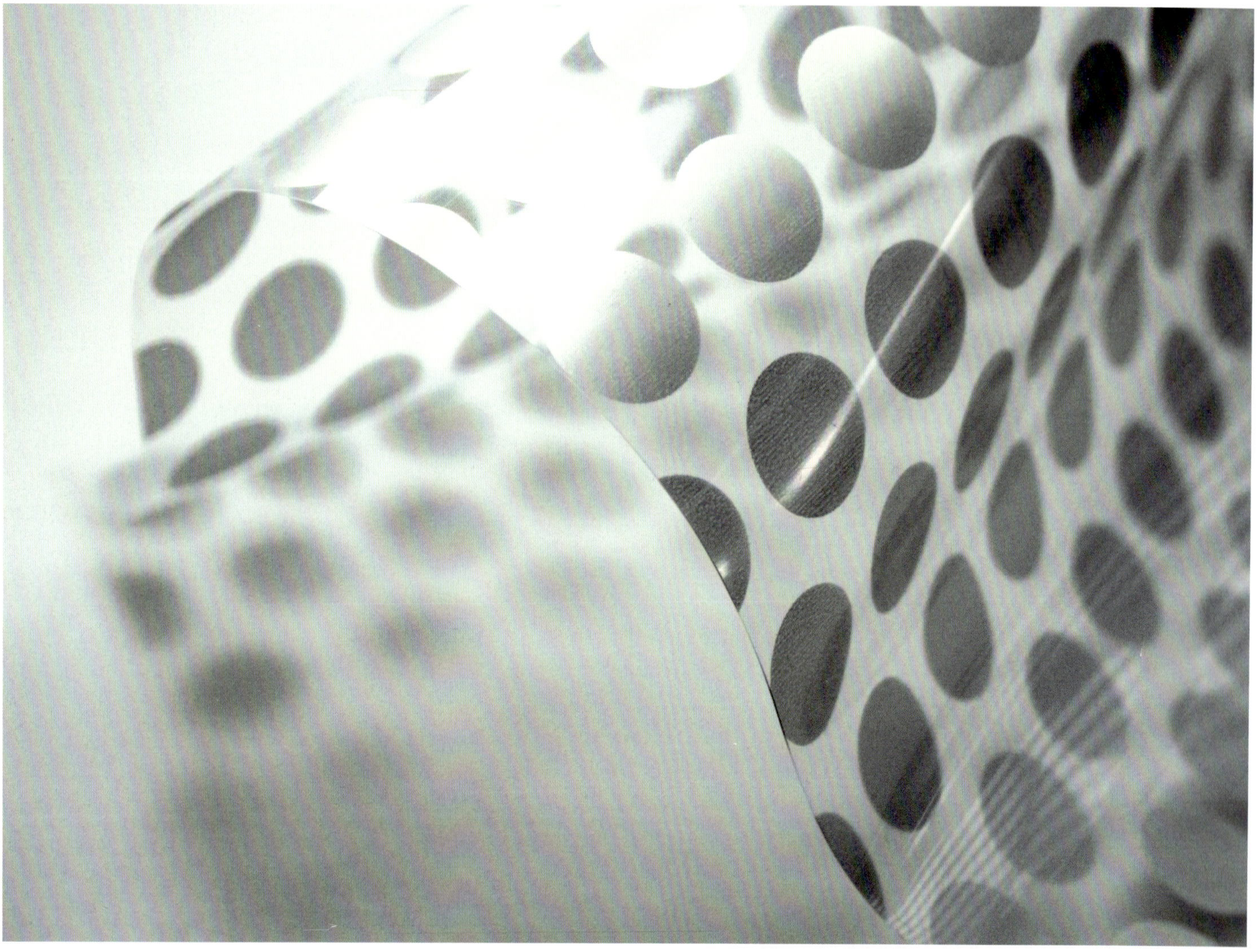

Material	ETFE-Folie
Verwendung	Textiles Bauen
Besonderheit	Hohe Licht- und UV-Durchlässigkeit / Lange Lebensdauer
Produktbezeichnung	Ceno Architekturfolie ETFE
Hersteller	Ceno Tec GmbH Textile Constructions
	www.ceno-tec.de

Das Bauen mit Membranen ist eine noch junge Technik, in der interessante Entwicklungen stattfinden. Architektonische Superlative, wie das größte Dach oder die weiteste Spannweite, sind mit Membranen realisierbar. Zum Einsatz kommt dabei eine ganz spezielle Folie aus dem Material Ethylen-Tetrafluorethylen (ETFE).

ETFE-Folien weisen ein geringes Eigengewicht und eine hohe Licht- und UV-Durchlässigkeit auf. Der Kunststoff ist auch gegen viele aggressive Chemikalien beständig und besitzt ein gutes Brandverhalten. Die geschätzte, einsatzabhängige Lebensdauer der Folien beträgt mindestens 25 bis 30 Jahre. Die ursprünglich für die Produktion des CargoLifters gebaute Werft – von SIAT Architektur und Technik GmbH & Co. KG München geplant – ist die größte frei tragenden Halle der Welt. Inzwischen befindet sich ein künstliches Tropenparadies mit Spaßbad in dem umfunktionierten Raum. Um die tropische Pflanzenwelt mit der notwendigen Belichtung durch natürliches Tageslicht zu versorgen, wurde ein transparentes Dach aus ETFE-Luftkissen nachgerüstet.

Material	Viskose
Verwendung	Tapete
Besonderheit	Schwer entflammbar (B1) / Schiffseignung / Lichtecht / Ökologisch
Produktbezeichnung	Diva
Hersteller	Pro Ambiente e.K. www.pro-ambiente.de

Gestalter finden bei Tapeten eine unglaubliche Vielfalt, wenn es um den so wichtigen Teil der Wandbekleidung beim Interior-Design geht. Die aktuellen Kollektionen machen Lust auf einen Tapetenwechsel.

Die Wandbekleidung wird hergestellt aus so unterschiedlichen Materialien wie Leinen, Viskose oder dem Mineral „Mica", das auf Vlies kaschiert wird. Das Material Mica ist ein Mineral, das aus Granit- und Quarzgestein entstanden ist und das bei starkem Erhitzen zu fantastischen, wurmförmigen Gebilden bis 2000 oder 3000% ihres ursprünglichen Volumens expandiert. Es ist ein Naturprodukt und daher sind Farbdifferenzen zwischen verschiedenen Anfertigungen und selbst von einer Bahn zur anderen unvermeidlich. Die Kollektion „Diva" beeindruckt durch ihre Vielfalt an Farben und Dekoren.

Material	Polyester oder Polyamid
Verwendung	Dekorationsstoff
Besonderheit	Spinnaker-Gewebe / Reißfest / Gestanzt / Gelasert
Produktbezeichnung	Snow 6420 / Snow 6421
Hersteller	Kinnasand GmbH www.kinnasand.com

Leinen los für diesen Stoff! Das Spezialmaterial „Spinnaker" wird normalerweise für Segel oder Drachenflügel verwendet. Die Hauptbedingung für einen Segelstoff ist große Leichtigkeit bei außerordentlicher Dichte, um dem Wind eine gute und stabile Angriffsfläche zu bieten, die auch heftigen Böen standhält.

Ein ungewöhnlich leichtes und trotzdem sehr stabiles Textil mit charakteristischen Eigenschaften. Der verwendete Spinnakerstoff hat in der haptischen Anmutung schon fast einen Touch von Papier und im Erscheinungsbild das für leichte Segel bekannte feine Karomuster. Das Material von „Snow 6421" besteht aus Polyamid und ermöglicht dadurch die Anwendung modernster Lasertechnik. Aus dem feinen Stoff sind unterschiedliche grafische Muster digital gesteuert herausgeschnitten. Der Stoff aus der gleichen Kollektion, „Snow 6420", besteht aus Polyester Trevira CS und hier wird das feine Muster herausgestanzt. Die Textilien können im Objekt- oder Privatbereich vielfältig eingesetzt werden.

Material	Schiefer auf Trägerschicht
Verwendung	Boden / Wand / Fassade / Fahrzeuge / Möbel
Besonderheit	Enge Biegeradien sind möglich / Geringes Gewicht
Produktbezeichnung	Stone-Veneer
Hersteller	Richter Furniertechnik www.richter-furniertechnik.de

Mit Furnier wird bisher nur Holz assoziiert. Bei edlen Hölzern werden aus dem massiven Stamm dünne Blätter geschält. Das bewährte Verfahren wird jetzt auch in einem ungewöhnlichen Bereich angewandt: Furnier aus Stein.

Der Echtstein als hauchdünnes Furnier eröffnet neue Gestaltungsmöglichkeiten. Stein in seiner ursprünglichen und massiven Form ist aufwändig zu bearbeiten, nicht so das Steinfurnier. Es ist leicht, hauchdünn, sogar biegsam und dadurch einfach zu verarbeiten. „Stone-Veneer" ist in 10 verschiedenen Schiefergesteinen, mit einer natürlichen Spaltoberfläche, die eine außergewöhnlichen Farb- und Strukturvielfalt aufweist, erhältlich. Das Steinfurnier schafft neue Möglichkeiten im gesamten Innenausbau, beispielsweise als Wand- und Bodenverkleidungen. Selbst in der Automobilindustrie und ebenso in Schienenfahrzeugen, Yachten oder in Aufzügen kann es nicht zuletzt aufgrund des geringen Gewichts zum Einsatz kommen.

EINZELANFERTIGUNGEN GELOCHT DIGITAL GEPRÄGT LOCHBILD DREIDIMENSIONAL
WEBTECHNIK MANUFAKTUR VERFORMBAR TRADITION SCHABLONEN VORFABRIKATION
UMGEBAUT HOLZBAUELEMENTE SYSTEM PERFORIERPRESSEN PRODUKTIONSTECHNIKEN

BRILLANT BEARBEITET

Erst durch die Veredelung oder Bearbeitung von Rohstoffen wie Stahl, Holz, Stein oder Glas entsteht eine Vielzahl der uns bekannten Materialien. Mit teils in mehreren Generationen erworbenem Wissen werden die zur Verfügung stehenden Rohmaterialien auf traditionelle Art zu Halbzeugen und Produkten weiter veredelt.
Viele Innovationen kommen aus dem Handwerk oder mittelständischen Betrieben, die Techniken weiterentwickeln oder miteinander kombinieren. Aber auch durch innovative Technologien und Bearbeitungsmethoden werden ganz neue Möglichkeiten für die Veredelung eröffnet.
In der modernen Bearbeitungstechnik kommt beispielsweise der CNC-Steuerung (Computerized Numerical Control) eine besondere Bedeutung zu. Digital gesteuerte Maschinen erlauben eine effiziente Produktion und ermöglichen Kleinserien oder individuelle Oberflächen schon ab Stückzahl eins. Eine weitere Technik, die in den letzten Jahren vorangetrieben wurde, ist der Individualdruck. Durch spezielle Druckverfahren können eigene Muster und Farben auf die unterschiedlichsten Materialien appliziert werden. Es lassen sich damit textile Böden, HPL-Oberflächen, Stoffe oder Glas auch dauerhaft bedrucken. In der modernen Weiterbearbeitung von bestehenden Halbzeugen verbirgt sich noch viel Potenzial, um neue Produkte mit verbesserten Eigenschaften und individuellen Optiken zu kreieren.

Material	Metall
Verwendung	Geländerfüllung / Balkon / Wandbekleidung
Besonderheit	Fertigung nach Kundenzeichnung
Produktbezeichnung	Loch- und Prägebleche
Hersteller	Moradelli GmbH www.moradelli.de

Das Schlosserhandwerk hat eine lange Tradition. In diesem Unternehmen fertigten frühere Generationen schon für Schloss Neuschwanstein aufwändige Einzelanfertigungen aus Metall. Mit Perforierpressen werden heute Bleche gelocht, geprägt und in Kombination auch üppige Prägelochungen hergestellt.

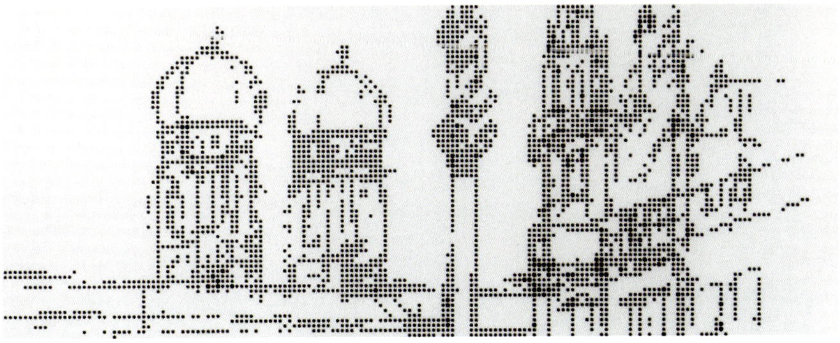

Die moderne Blechbearbeitung ermöglicht eine Auswahl von über 1000 Loch- und Prägemustern. Neben Stahl, Edelstahl und Titan werden auch Aluminium, Kupfer, Messing und neuerdings sogar Kunststoffe bearbeitet. Die Bleche sind im Außen- und Innenbereich einzusetzen. Aktuellste Innovation ist das technisch wie optisch beeindruckende Lochbild „Perfoart". Es ermöglicht eine ins Blech gestanzte Umsetzung einer frei wählbaren Bild- oder Fotovorlage. Durch unterschiedliche Locheinteilungen und -durchmesser entsteht ein transparentes Gesamtlochbild, das sich zu einer lebhaften, perforierten Darstellung zusammenfügt – geeignet z.B. für Fassaden, Trennwände, Sicht- und Sonnenschutz.

Material	Vegetabil und chromgegerbte Lederreste / Naturkautschuk
Verwendung	Großformatige Objekttische / Wandverkleidungen / Einbauschränke / Formholzstühle
Besonderheit	Aus nachwachsenden Rohstoffen / UV-beständig / Abriebfest und farbecht
Produktbezeichnung	Ledano
Hersteller	Ledano & Cartioni www.ledano.de

Leder ist ein beliebtes Material der Möbelindustrie, allerdings benötigen die einzelnen Lederhäute eine Sichtprüfung als Qualitätskontrolle und jede Haut sieht anders aus. Um in der Serienproduktion ein einheitliches Bild zu gewährleisten, wird daher auch häufig Kunstleder verwendet.

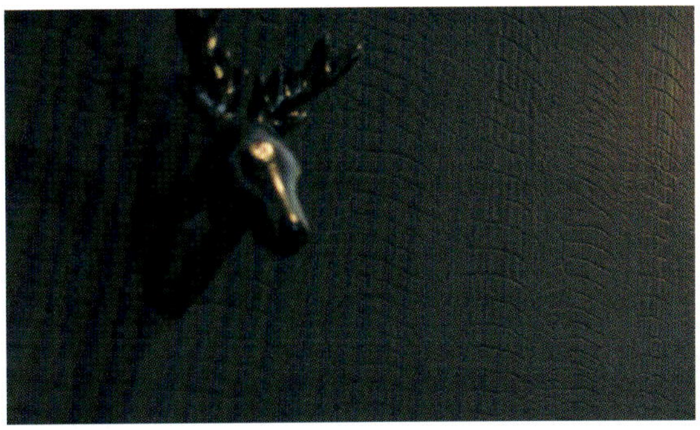

„Ledano" vereint die Vorzüge von Leder und Kunstleder in einem Produkt. Es wird aus recycelten Lederschnittresten der Industrie hergestellt und ist daher ein natürliches Produkt. Die Optik und Haptik ist mit echtem Leder vergleichbar, allerdings ohne die „natürlichen" Schwankungen von Farbe und Aussehen. „Ledano" wurde speziell für die Möbel- und Innenausstattung entwickelt. Es ist frei von Weichmachern, Lösungsmitteln und dadurch UV-beständig, abriebfest und farbecht. Eingesetzt wird es vorzugsweise als vollflächig verklebtes Oberflächenmaterial für Tische, Schränke und Wandverkleidungen. Eine weitere Besonderheit ist, dass es auch dreidimensional verformt werden kann, z.B. für Formholzstühle.

Material	Polyester
Verwendung	Innenausbau / Dekoration
Besonderheit	Ausbrenner
Produktbezeichnung	Angle / Kollektion Showroom Vol. 2
Hersteller	Jab Anstoetz
	www.jab.de

Die Herstellung von Textilien ist eine Kunst für sich. Die Designer entwickeln neue Kollektionen mit den unterschiedlichsten Webtechniken, Materialien, Formen und Farben. Waren Stoffe bisher meist „flach", ist der aktuelle Trend zur Dreidimensionalität deutlich zu spüren.

Das Textil „Angle" erinnert an ein geometrisches Kunstwerk und ist eine textile Innovation. Es besteht aus einer mit Schaumstoff gepolsterten, voluminösen, komplexen Spitze, die sich durch das Besticken und Ausbrennen eines doppellagigen Grundgewebes aus Organza mit Schaumkern ergeben hat. Jeweils acht von einer Bestickung umschlossene, rechtwinklige Dreiecke, vier massive und vier ausgebrannte, formen je ein Quadrat. Der Textildesigner Marty Lamers hat ein Textil geschaffen, das durch seine Dreidimensionalität, sein transluzentes Spiel und seine Haptik eine ganz eigene Anmutung bekommt.

Material	Glasfaserbeton
Verwendung	Innen- und Außenanwendung / Wand, Boden und Decke
Besonderheit	Individuelle Formteile möglich
Produktbezeichnung	Concrete skin
Hersteller	Rieder Smart Elements www.rieder.cc

Mit dem Konzept einer industriellen Manufaktur will Rieder die scheinbaren Gegensätze von individueller Einzelfertigung aus der handwerklichen Manufaktur mit dem industriellen Serienfertigungsgedanken verschmelzen. Dadurch entsteht die Möglichkeit, flexibel zu sein, auf die individuellen Wünsche der Kunden eingehen zu können und auch spontan zu reagieren.

Der Werkstoff ist eine mit Glasfasern verstärkte Betonplatte, die die Vorteile von Beton und Glasfasern in sich vereint. Er ist nicht nur fest, verformbar und langlebig wie Beton, sondern besticht dank der Fasern durch Dünnwandigkeit, hohen Brandschutz und geringes Raumgewicht. Gleich einer Haut aus Beton ermöglicht „concrete skin" eine schlanke Elementbauweise, die dennoch hoch belastbar ist. Das Material bietet viel Gestaltungsfreiheit bezüglich Formbarkeit, Farbe, Oberfläche und Anwendungsbereich. Selbst die Ausbildung von geschlossenen Ecken und Rundungen erfolgt am Stück bei konstanter Robustheit.

Material	RS-LED Lichttechnik / Holzspan / Dekor
Verwendung	Beleuchtung von Korridoren / Treppenhäusern / Fluchtwegen / Verkaufsräumen
Besonderheit	Innovation im Bereich Innenarchitektur / Möbel / Design
Produktbezeichnung	Trequadro Paneel
Hersteller	Locatelli Italia
	www.locatelli-italia.it

„Wir haben 60 Jahre Löcher in Platten gemacht, jetzt machen wir die Löcher wieder zu", so die charmante Aussage des Inhabers von Locatelli, einem traditionellen italienischen Hersteller von gelochten Holzwerkstoffen.

Die Holzwerkstoffplatten werden im ersten Arbeitsgang gelocht und die Löcher anschließend mit Acryglasabdeckungen wieder geschlossen. Der Clou dabei ist allerdings, dass die Löcher davor mit LEDs bestückt werden und so zu lauter kleinen Leuchten werden. Die flächenbündig eingelassenen Abdeckungen ergeben eine spannende Oberfläche und finden im Kontrast zu den farbig gestaltbaren Holzflächen vielfältige Einsatzbereiche. So können Korridore, Treppenhäuser und sogar Fluchtwege zweckmäßig und dabei effektvoll beleuchtet werden. Auch im Storebereich kann das „Trequadro Paneel" eine sehr elegante Anmutung erzeugen.

Material	Zement
Verwendung	Boden und Wand / Innenraum
Besonderheit	Wunderschöne Farben / Besondere Haptik
Produktbezeichnung	Zementmosaikplatte
Hersteller	Via Finest Tiles www.zementmosaikplatten.de

In alten Kirchen, Hauseingängen oder Gutshäusern liegen teilweise noch sehr aufwändige Böden aus Zementfliesen. Steht eine Renovierung an, stellt sich schnell die Frage, wie mit diesen Böden umgegangen werden kann, da solche Fliesen heute in keinem Baustoffmarkt mehr zu finden sind. Umso erfreulicher ist die Tatsache, dass sich eine Manufaktur diesen Böden widmet.

In alter Tradition wird Platte für Platte gefertigt. Aus Marmormehl, Weißzement und reinen Farbpigmenten wird ein farbiges Gemisch gewonnen, das mit einer Trägerschicht aufgefüllt und mit hohem Druck gepresst wird. So entstehen massive, äußerst strapazierfähige Zementmosaikplatten. Mehrfarbige Musterfliesen werden mithilfe von aufwändig gearbeiteten Schablonen gefertigt.

Damit können auch alte Klassiker, wie diese hexagonale Reliefplatte, die der spanische Architekt Gaudí 1906 für die Casa Milá in Barcelona entworfen hat, wieder hergestellt werden. Bedingt durch dieses Produktionsverfahren besitzen die Platten ihre typischen, unverwechselbaren Merkmale: eine seidig glatte Oberfläche, edel changierende Farben und leicht unebene Kanten.

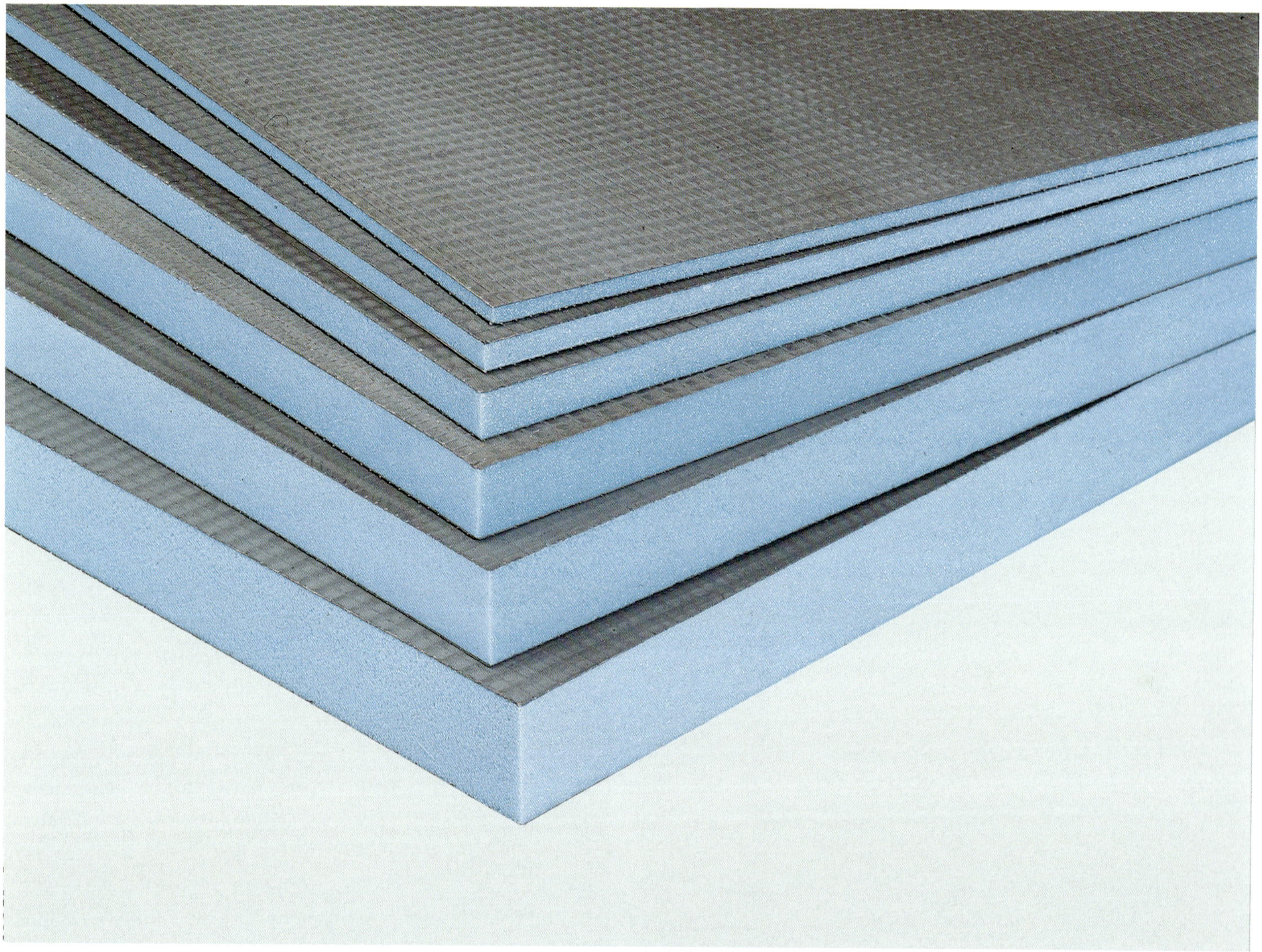

Material	Polystyrol-Hartschaum / Kunstoffvergüteter Mörtel
Verwendung	(Aus-)Bau von Bädern und Wellnessbereichen
Besonderheit	Wasserdicht / Nicht kapillar / Keine Zersetzung
Produktbezeichnung	Wedi Bauplatte
Hersteller	Wedi GmbH www.wedi.de

Damit sich das heimische Bad in eine Wohlfühloase wandelt, reicht nicht nur der Austausch des Duschvorhangs. Die bestehende „Nasszelle" muss komplett umgebaut werden und dabei geht es richtig an die Substanz. Ein heikler Fall im Bad ist die Untergrundvorbereitung, die sorgfältig ausgeführt werden muss, um lange Bestand zu haben.

Die speziell für den Einsatz in Nassbereichen entwickelte Bauplatte ist leicht, wasserundurchlässig, wärmedämmend und wirkt außerdem als Dampfbremse. Aufgrund der Stabilität eignet sie sich ideal für Unterkonstruktionen, und je nach gewünschtem Einsatzzweck ist sie in unterschiedlichen Stärken erhältlich.

Die Platten ermöglichen die Verkleidung von Ständerwänden, Duschabtrennungen, Badewannen oder den Einsatz als Ausgleichsschicht und Bodenanwendung. Die Oberflächenstruktur bildet einen guten Untergrund für die Fliesenverklebung oder das Aufbringen von Putz.

Material	Brettsperrholz
Verwendung	Tragende Wand-, Decken- und Dachbauteile
Besonderheit	Fertig integrierte Oberflächen / Akustikabsorber in Deckenelement
Produktbezeichnung	Lignotrend-Deckenelement
Hersteller	Lignotrend Produktions GmbH www.lignotrend.com

Häuser mit System zu bauen muss nicht unbedingt gleich Fertighaus bedeuten. Mit moderner Holzbautechnologie kann effizient und damit kostengünstig geplant und der individuelle Haustraum realisiert werden. Der Vorteil der Verwendung von Holzbauelementen im Gebäude ist das dadurch entstehende gesunde und behagliche Raumklima.

Das Deckenelement besteht aus einem Holzhalbfabrikat mit fertiger Untersicht. Die Bauteile sind aus Massivholz gefertigt und können für Dach, Wand und Decke eingesetzt werden. Als tragendes Element können damit ganze Decken realisiert werden, mit dem Vorteil der schnellen Montage durch Vorfabrikation und dem außergewöhnlich guten Schallschutz – vor allem beim Trittschall im Tieftonbereich. Die Elemente erfüllen die gängigsten Anforderungen an Akustik und Schallauflagen und werden dort eingesetzt, wo besondere Bedingungen an die Raumakustik gestellt werden: z.B. in Sport- und Veranstaltungshallen, Schulen, Kindergärten, Industriehallen und Büros.

Material	Vinyl SK bedruckt / Kaschiert mit spezieller Fußbodenfolie
Verwendung	Bodengrafik / Werbung
Besonderheit	Temporär einsetzbar / UV-stabil / Selbstklebend
Produktbezeichnung	Fußbodenfolie
Hersteller	PPS Imaging GmbH www.pps-imaging.de

In Zeiten der digitalen Fotografie wird so vieles abgelichtet wie nie zuvor. Die meisten Bilder bleiben allerdings digital und werden nicht mehr klassisch belichtet. Dabei gibt es heute sehr vielfältige Angebote „rund ums Bild".

Digitale Produktionstechniken ermöglichen das Bedrucken unterschiedlichster Materialien. Eine Spezialität ist diese Folie, die als Bodenbelag funktioniert. Sie kann aus nahezu jeder digitalen Vorlage bedruckt werden. Das Motiv ist frei wählbar und kann vom rein grafischen Muster bis hin zum Firmenlogo individuell umgesetzt werden.

Geeignet ist die Fußbodenfolie vor allem für temporäre Auftritte, wie z.B. Messestand- und Eventausstattung sowie Ausgestaltungen für Shops. Das Material ist selbstklebend, leicht aufzubringen, UV-stabil, reißfest und sogar für Feuchträume geeignet. Nach einer Veranstaltung kann der Boden wieder rückstandslos entfernt werden.

Material	Mineralwerkstoff
Verwendung	Universeller Einsatzbereich
Besonderheit	Fugenlose Verarbeitung / Antibakteriell
Produktbezeichnung	Pral
Hersteller	Abet GmbH
	www.abet.de

Auf Raststätten begegnet man dem Mineralwerkstoff als Material für die Sanitäranlagen – in fragwürdigen Farben und meist leicht gesprenkelter Optik. Es geht allerdings auch anders. Das beweisen immer mehr Anwendungen und Projekte, die sich durch aufwändige Formen und große Dimensionen abheben.

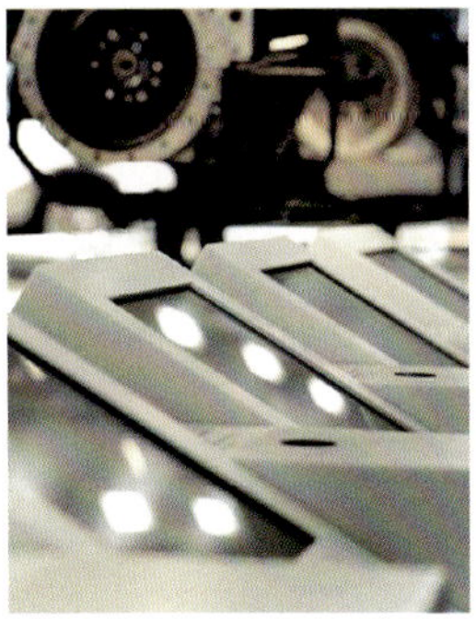

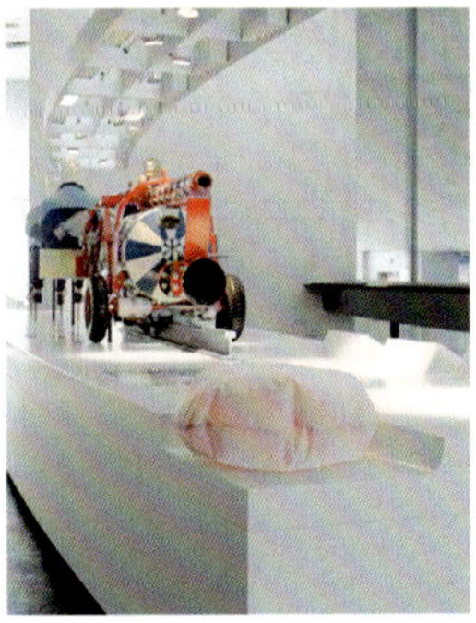

Der Plattenwerkstoff lässt sich unter Wärmeeinfluss individuell verformen. Die Platten sind komplett durchgefarbt und können an den Stößen so verschliffen werden, dass kein Übergang mehr sichtbar bleibt. Trotz der harten Oberfläche können jedoch gebräuchliche Holzbearbeitungsmaschinen eingesetzt werden.

Im Mercedes-Benz Museum in Stuttgart wurde für die Präsentationsbereiche neben den ausgestellten Automobilen der Mineralwerkstoff „Pral" verwendet. Das Material erfüllt die hohen Anforderungen an den Brandschutz, und die großen „Werkbänke" konnten ideal an die Exponate angepasst werden.

Material	Oxidativ veredeltes Metalltextil
Verwendung	Tapete / Wandbehänge / Stoffe / Bucheinband
Besonderheit	Handgefertigt
Produktbezeichnung	Veredeltes Textil
Hersteller	Lydia in St. Petersburg www.lydia-stpetersburg.de

Der Begriff „Manufaktur" wird heutzutage wiederbelebt mit hoher Handwerkskunst und einem Touch von Luxus und Exklusivität. In Einzelanfertigung oder Kleinserien werden Materialien produziert, die großindustriell kaum herstellbar sind und durch die kleineren Auflagen nicht zu Massenware verkommen.

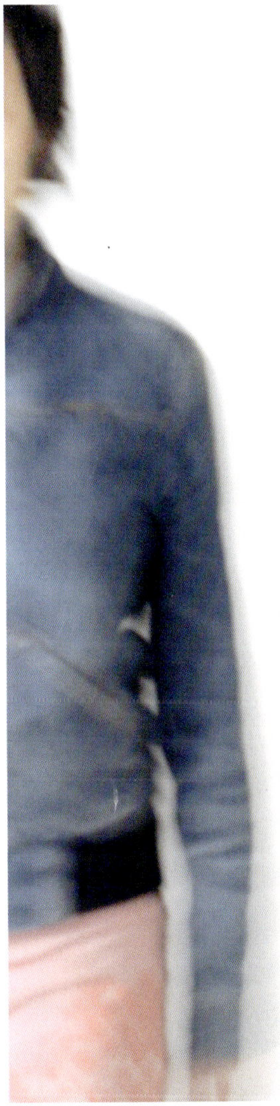

Existierende Textilien und Verbundwerkstoffe werden mit unterschiedlichen Techniken in teils aufwändigen Verfahren veredelt. Die Ware wird nicht auf Lager produziert. Jedes Produkt ist nach Kundenwunsch, auch nach eigenen Muster- und Farbentwürfen, gefertigt. Dadurch wird das junge Unternehmen dem Anspruch gerecht, variantenreiche Unikate herzustellen. Verwendung finden die edlen Stoffe als Wandbekleidung, Wandgemälde, Möbeloberflächen, Bühnenbilder oder in der Mode.

Material	Mechanisch bearbeitetes Furnier
Verwendung	Formteile für die Möbel- und Automobilindustrie / Beschichtung von Trägermaterialien
Besonderheit	Dreidimensional verformbar / Furnierbild bleibt vollständig erhalten
Produktbezeichnung	3D-Furnier
Hersteller	Reholz GmbH www.reholz.de

Im Gegensatz zu Metall können Holzfurniere aufgrund der natürlichen Faserrichtung nur in eine Richtung gut verformt werden. Durch eine intelligente Veredelung kann jedoch selbst Furnier in so gut wie jede Form gepresst werden, ohne sich dagegen zu sträuben und Schaden zu nehmen.

Die so genannten 3D-Furniere können in alle Richtungen gebogen und verleimt werden, ohne aufzubrechen oder zu reißen. Dadurch eignen sie sich zur Herstellung dreidimensionaler Formteile aus mehreren verleimten Lagen Furnier oder zur Beschichtung von profilierten und gleichzeitig geschweiften Kanten. Aus 3D-Furnier hergestellte Formteile oder mit 3D-Furnier beschichtete Werkstücke verfügen über eine geschlossene Oberfläche. Die hohe Stabilität, möglich durch den Eierschaleneffekt, ist die Voraussetzung für minimale Wanddicken und damit besonders leichte Bauteile. Schalen-Formteile sind durch ihre Dreidimensionalität trotz des geringen Gewichts äußerst stabil.

Material	Aluminium
Verwendung	Dekoration / Formenbau / Figuren / Modellbau / Prototypen
Besonderheit	Dreidimensionale organische Formgebungen per Hand
Produktbezeichnung	Formetal Ypsilon / Varius
Hersteller	Design For Metal www.formetal.info

Bei der ursprünglichen Umformung von Metall wird das Werkstück erhitzt und dann in glühendem Zustand vom Schmied unter kräftigen Hammerschlägen bearbeitet. Lochbleche, Streckmetalle und Drahtgewebe lassen sich unter mechanischer Einwirkung, z.B. auf der Kantbank, auch kalt verformen.

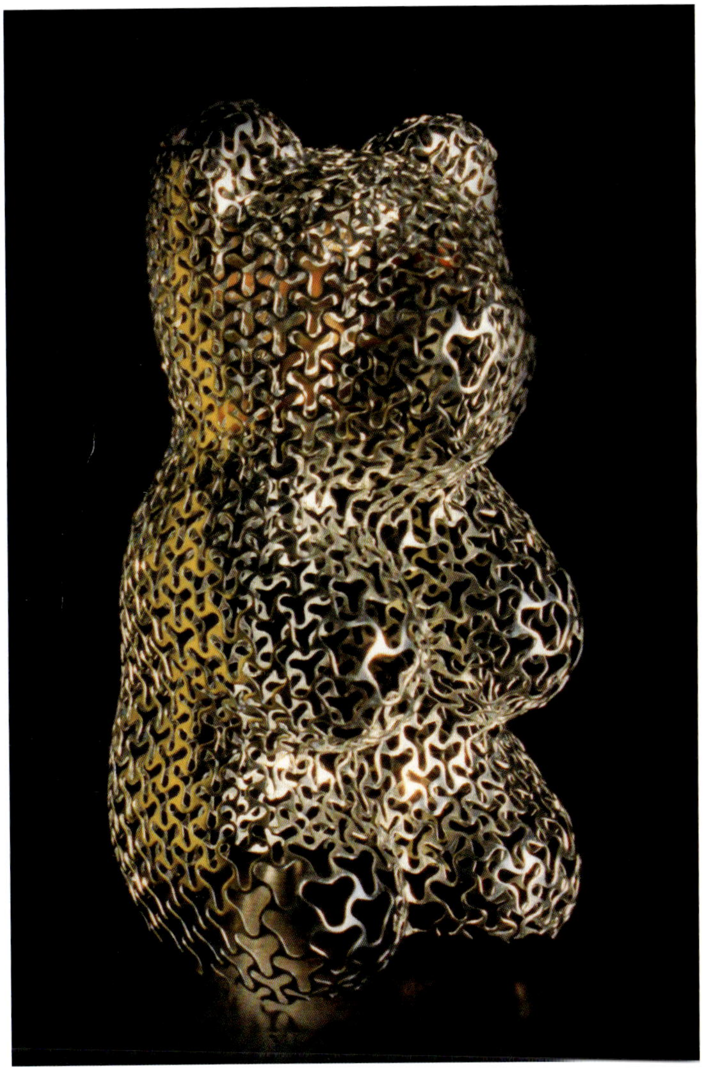

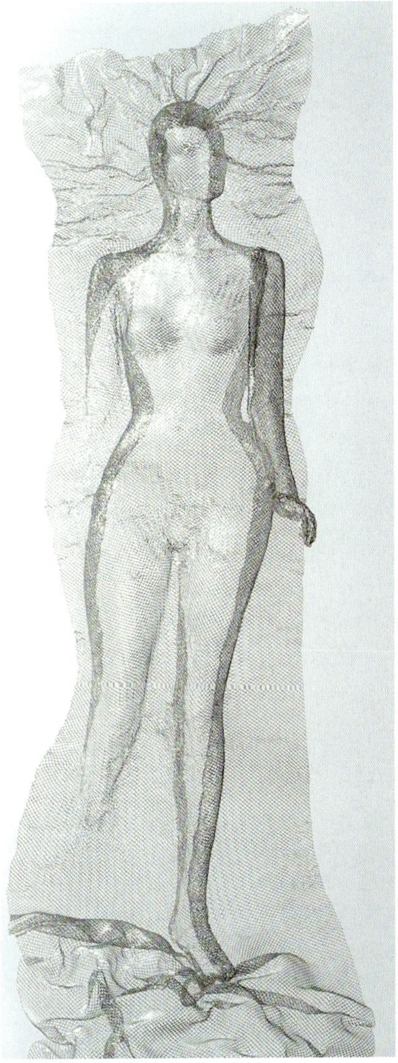

Das Material wurde entwickelt, um Formen mit Metall dreidimensional, ohne Einsatz von Maschinen, darstellen zu können. Optisch betrachtet ist es eine Weiterentwicklung von Lochblech. Es lässt sich gut stauchen und strecken und folgt damit den gewünschten Formen. Biegbar wird es aufgrund der Y-artigen Ausstanzungen und der Verwendung von Aluminium, aus dem das Blech gefertigt wird. Neben der praktischen und einfachen Handhabung besitzt das „Ypsilon" auch eine dekorative Qualität. Eine Alternative ist das patentierte Streckmetall „Varius" mit Sollbruchstellen, das sich aufgrund der guten Ausdehnung ebenso für das Herstellen von Formen, Figuren, Modellen oder Prototypen eignet.

Material	PUR-Gießharz
Verwendung	Kunstguss / Design
Besonderheit	Gute Fließfähigkeit
Produktbezeichnung	Smooth-Cast
Hersteller	KauPo Plankenhorn e.k. www.kaupo.de

Dass sich Silikon gut zum Modellieren eignet, weiß inzwischen jeder Jugendliche. Die medizinische Anwendung in der plastischen Chirurgie ist allerdings nur ein kleiner Randbereich. Wenn es darum geht, detailgetreue Reproduktionen von Objekten oder mehrfach verwendbare Gussformen herzustellen, ist Silikon ein ideales Material.

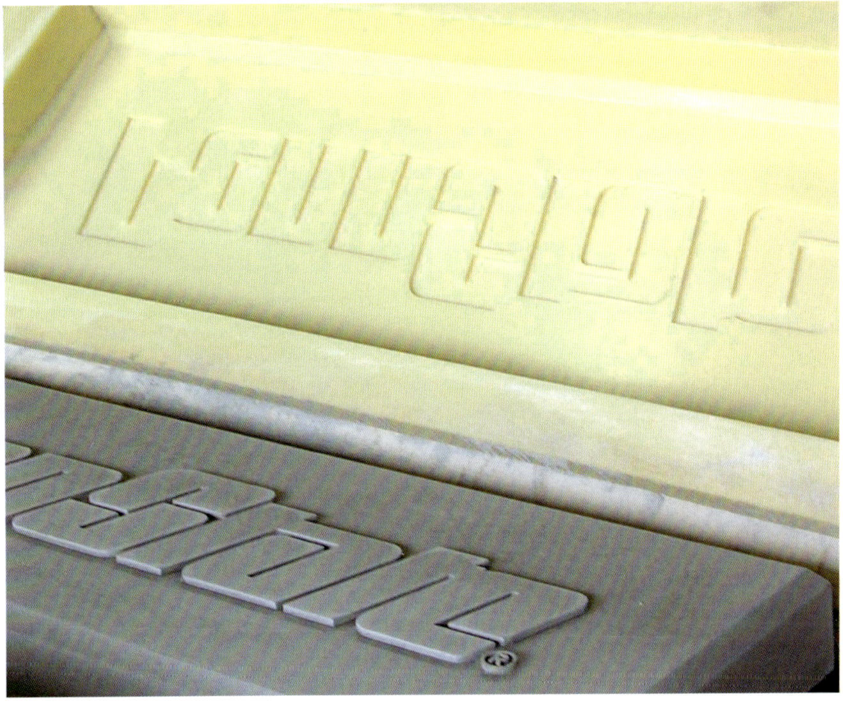

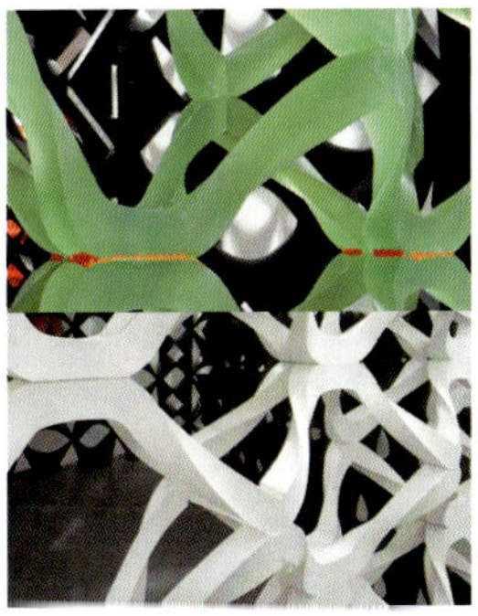

Im Formenbau zeichnet sich Silikon dadurch aus, dass eine hohe Abzeichnungsgenauigkeit von Oberflächendetails erreicht wird. Für die Verarbeitung kann die Masse je nach Wunsch zäher oder flüssiger eingestellt werden und ist damit streich- oder gießbar. Beim Aushärten der Formen ist der Werkstoff praktisch schrumpffrei und behält somit die Dimensionen des Originalobjekts. Die Negativformen sind sehr reißfest und frei von Schadstoffen. Je nach Anwendungsbereich kann alternativ auch Polyurethan verwendet werden.

SCHAUM PORÖS SCHALUNGSTECHNIK PLASTISCH DECKSCHICHT KANTEN FARBSPIEL BRILLANZ UNTERGRÜNDE AMORPH DREIDIMENSIONAL SCHALLABSORPTION IMITIERT KUGELKOPFFRÄSER WELLENFORMEN WANDFÜLLUNGEN RIFFELUNG LAMELLENPLATTEN

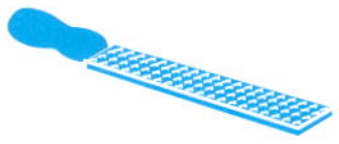

STARKE STRUKTUREN

Die Beschaffenheit der Oberfläche wird maßgeblich geprägt durch ihre Struktur. Selbst glatte Materialien zeigen spätestens unter dem Mikroskop eine deutliche Struktur. Wie wichtig die Anordnung oder das Gefüge der Oberfläche ist, wird deutlich, wenn man bedenkt, dass ein und dasselbe Material durch eine veränderte Struktur eine völlig andere Anmutung erhält.
Neben der visuellen Wahrnehmung von Struktur ist dabei die Haptik eine unmittelbar spürbare Komponente. Sie prägt den Charakter und entscheidet, ob ein Material als sanft, hart, weich oder sogar ruppig empfunden wird. Durch Strukturierung können Akzente gesetzt werden, die teilweise auch ganz bewusst mit vorherrschenden Konventionen brechen. Eine Wand kann beispielsweise als weiche Haut oder kratzige Fläche ausgebildet werden, oder harter Stahl wird auf einmal „anschmiegsam".

Material	Edelstahl
Verwendung	Raumgestaltung / Sonnenschutz / Außen- und Sicherheitsbereiche
Besonderheit	Flexibilität
Produktbezeichnung	Alphamesh
Hersteller	Promesh GmbH www.alphamesh.de

Bei Ritterrüstungen wurde unter den Schutzpanzern ein Kettenhemd getragen. Das historische Material diente als Schutz vor Schwerthieben und Lanzenstichen. Auch heute noch kommt das Ringgeflecht als schnitt- und stechsichere Schutzbekleidung für die Lebensmittelindustrie zum Einsatz und in Sicherheitswesten wird es als Schutz vor Messerstichen eingearbeitet.

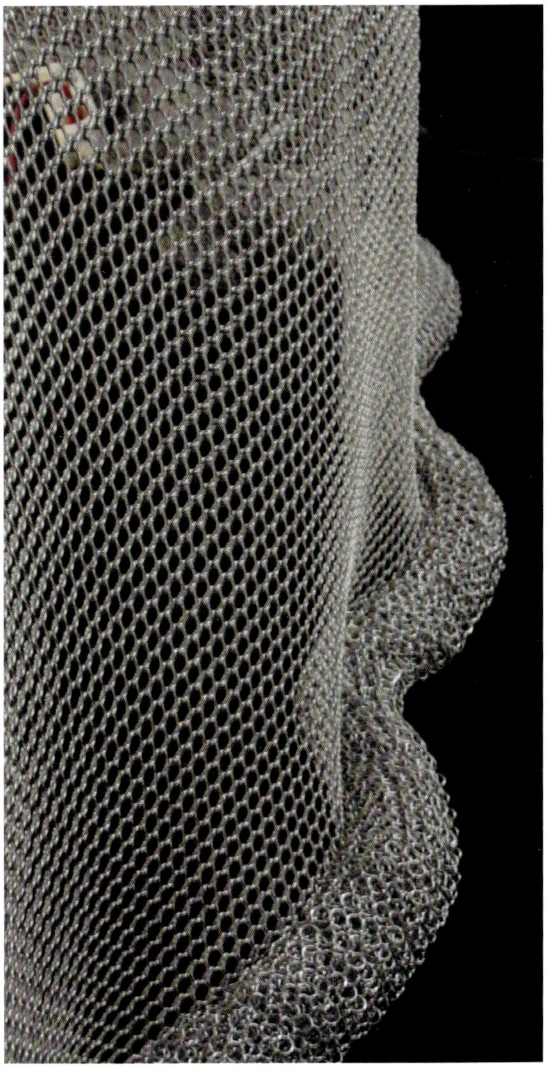

Aufgrund der optischen Qualität wurde das Ringgeflecht jetzt für die Architektur entdeckt. Die passende Bezeichnung „Stahlweich" charakterisiert die hohe Flexibilität dieses Geflechts. Es besteht aus einer Vielzahl lose miteinander verketteter Ringe, die den textilen Charakter dieses belastungsfähigen Metallgewebes ermöglichen.

Geschmeidig fließend folgt das Material nahezu jedem Anspruch an Funktion und Form. Die extrem hohe Festigkeit erlaubt auch den unproblematischen Einsatz im Außenbereich. Das Geflecht kann aus Edelstahldraht oder Bronzedraht hergestellt werden.

Material	Stahl (Metalldecken) und geschäumtes Aluminium
Verwendung	Abgehängte Decken- und Wandverkleidungen
Besonderheit	Exklusive Musterungen
Produktbezeichnung	Metalfoam – Metalldecken in Verbindung mit geschäumtem Aluminium
Hersteller	Armstrong Metalldecken AG www.gema.biz / www.alcarbon.com

Von der Natur haben sich die Forscher die Schaumstruktur abgeschaut und Metall zum Schäumen gebracht. Aufgeschäumtes Metall ist ein sehr leichter und doch hoch fester Werkstoff. Diverse Forschungslabore experimentieren nach wie vor eifrig an diesem Material.

Die poröse Struktur von Metallschaumplatten wird durch das Einleiten von Gas in die Metallschmelze erzeugt. Dieser Prozess erzeugt die Struktur der „Metalfoam"-Platten. Der Grundstoff bei den hier vorgestellten Platten ist Aluminium. Die Oberfläche gleicht einem erstarrten Schaum, der in Scheiben geschnitten wurde. Aufgrund der ungewöhnlichen Optik und der guten akustischen Werte des Materials wurde ein neues Einsatzgebiet gefunden: als Akustikdeckensystem. Die Verwendung bietet sich überall dort an, wo optisch reizvolle Lösungen mit hohem technischem Innovationsgrad erwünscht sind. Durch die zellulare Struktur verbinden die Deckenplatten Stabilität mit einem einzigartigen Aussehen.

Material	Hochleistungsbeton
Verwendung	Wand- und Fassadensystem
Besonderheit	Allseitig dreh- und wendbar / Innen liegende Spanntechnik
Produktbezeichnung	Conum
Hersteller	Villa Rocca www.villarocca.de

Mit Beton ist alles möglich – man muss nur wissen wie. Welch wahre Aussage sich dahinter verbirgt, erfährt jeder, der anfängt, sich näher mit dem universellen Material zu beschäftigen. Schon die Römer verwendeten Beton für ihre Aquädukte. Seit dieser Zeit wird an dem Material geforscht und entwickelt.

Das amorphe Wandelement besteht aus massivem Spezialbeton. Mit einer ausgeklügelten Schalungstechnik wird das 80 x 80 Zentimeter große Element in einem Stück gegossen und lässt sich über innen liegende Kanäle zu einer endlosen Wandstruktur zusammenbauen. Auf Wunsch kann der Beton auch eingefärbt werden.

Entworfen wurde die Struktur von „3deluxe" für den Cocoon Club in Frankfurt und dank der technischen Entwicklung durch Villa Rocca in Beton realisiert. Die transluzente Trennwand wurde damals als doppelschalige Konstruktion ausgeführt.

Material	Glas / Papier / Harz
Verwendung	Gehobener Innenausbau
Besonderheit	Transluzent
Produktbezeichnung	Dekobond
Hersteller	Dekodur GmbH & Co. KG www.dekodur.com

Wenn zwei Hersteller ihre Kompetenzen zusammenführen und daraus ein neues Produkt entwickeln, können besonders innovative Materialien entstehen. In diesem Fall wurden die Vorteile von Glas und Schichtstoff in einem neuen, vielseitig einsetzbaren Material für den gehobenen Innenausbau vereint.

„Dekobond" ist eine Verbundplatte, bei der hinter eine Glasscheibe ein Schichtstoff geklebt wird. Durch das Glas treten die Strukturen und Details des Schichtstoffs mit einer deutlich wahrnehmbaren räumlichen Tiefe hervor, sodass das Dekor besonders plastisch in Erscheinung tritt. Das Glas ist 5 Millimeter stark und mit geschliffenen Kanten versehen, die je nach Beanspruchung auch poliert werden können. Mögliche Anwendungen für das neue Material finden sich im Innenaus- und Messebau, sowie in der Möbelindustrie, bei Glastüren, Raumteilern bis hin zu Fußböden. Bei beidseitig sichtbaren Anwendungen, wie beispielsweise Raumteilern, lassen sich auch zwei verschiedene Dekore miteinander kombinieren.

Material	Polycarbonat
Verwendung	Interieur / Ladenbau / Messebau / Möbelbau / Balkone / Vordächer
Besonderheit	Optisch faszinierender transluzenter Effekt / Hohe Steifigkeit der Platten
Produktbezeichnung	yelblue Airboard UV PC / Airboard UV PC Color
Hersteller	Design Composite GmbH www.design-composite.com

Die optisch auffälligen Wabenplatten haben ihren Ursprung in einem Unternehmen, das sich unter Wintersportfreunden mit seinen Skiern einen Namen gemacht hat. Die vorhandene technische Kompetenz für die Herstellung von stabilen „Brettern" diente als Grundlage für die Entwicklung der Sandwichplatten, bei denen ganz selbstbewusst der ansehnliche Kern gezeigt wird.

Durch die Entwicklung eines transparenten, UV-stabilen Klebers konnte eine innen liegende Wabe mit zwei transparenten Deckschichten versehen werden. Die so entstehenden Sandwichplatten bieten die geschätzten Vorteile derartiger Konstruktionen wie hohe Stabilität bei geringem Gewicht plus eine eigenständige Optik. Es stehen mehrere Arten von Waben zur Auswahl, die wiederum mit unterschiedlichsten Platten kaschiert werden können. Die durchscheinenden Wabenstrukturen kommen speziell bei Hinterleuchtung oder Sonneneinfall zur Geltung. Im Innenraum sind Anwendungen wie Trennwände, Türen oder Treppen vorstellbar und selbst als transluzenter Bodenbelag können die Platten eingesetzt werden.

Material	Marmor
Verwendung	Wandbelag im Innenraum
Besonderheit	Handarbeit / Lose Stäbchen aufgeklebt
Produktbezeichnung	Stäbchenmosaik rot oder braun
Hersteller	Cantera Naturstein Welten www.cantera.de

Natursteine verfügen über vielfältige Farben und facettenreiche Musterungen, die in der Fläche richtig zur Wirkung kommen. Welche effektvollen Farbspiele sind dann erst durch zusätzliche Strukturierung der Fläche möglich?

Die Cantera Naturstein Welten bieten Marmor in unterschiedlich kleinen Stäbchen aufgeschnitten an. Das entstandene Mosaik bekommt seinen besonderen Reiz und die interessante Oberflächenstruktur durch die Kleinteiligkeit der einzelnen Steine, die unterschiedlichen Abmessungen und unregelmäßigen Kanten. Daraus ergibt sich zusätzlich zur feinen Struktur ein besonderes Farbspiel aus warmen Rot- und Brauntönen innerhalb der Fläche. Die einzelnen Steinchen werden in Handarbeit auf Netze geklebt und sind ausschließlich zur Verwendung als Wandbelag zu empfehlen. Mit den feinen Marmorstäbchen lassen sich z.B. im Bad oder der Küche edle Akzente setzen.

Material	Verbundglas mit Inlays aus Echtholz-, Edelstahl-, Textil- und Naturfasergeflechten
Verwendung	Möbel- und Innenausbau / Duschtrennwände / Fassadenplatten
Besonderheit	Lieferbar in allen gängigen Glasqualitäten und -stärken
Produktbezeichnung	glass-inspiration
Hersteller	Hale GmbH www.glass-inspiration.com

Die Technik, zwischen zwei Glasscheiben ein Material zu kleben, ist an sich nicht neu. Bisher wurden allerdings fast ausschließlich flache Folien zwischen den Scheiben verklebt, die z.B. bei der Autoscheibe als Sonnen- und Splitterschutz dienen. Einen entscheidenden Schritt weiter gehen diese Schichtverbundgläser.

Der Verbundwerkstoff vereint die natürlichen Eigenschaften von Holz mit den technischen Vorzügen von Glas. Zwischen den Scheiben befindet sich ein Holzgeflecht, das aus edlen Furnieren geflochten wird. Dieses ist durch den schichtartigen Aufbau perfekt vor Staub, Nässe und Temperatureinflüssen geschützt. Das Glas verleiht den eingebetteten Materialien Brillanz, Transparenz sowie Stabilität und lässt sich problemlos reinigen. Neben Echtholzgeflechten können auch Faser- oder Metallgeflechte eingelegt werden. Durch die zahlreichen Variationsmöglichkeiten ergeben sich für den Planer ungeahnte Möglichkeiten bei der Mitgestaltung der Produkte mit dem verheißungsvollen Namen „glass-inspiration".

Material	Selbstklebende Design-Strukturfolie
Verwendung	Oberflächenbeschichtung für Neubau und Renovierung
Besonderheit	Pflegeleicht / Robust / Große Vielfalt / 3D-verformbar
Produktbezeichnung	DI-NOC Design-Strukturfolie
Hersteller	3M Deutschland GmbH www.di-noc.de

Für die Holzdekore der Amischlitten aus den fünfziger Jahren entwickelt, wurde die Produktion aufgrund nachlassender Nachfrage in den achtziger Jahren nach Japan verlagert. Der Fokus wurde dort mit großem Erfolg auf Anwendungen im Design und in der Architektur gelegt. Seit 2006 ist das Material auch bei uns erhältlich.

Die Design-Strukturfolien können auf nahezu jedem festen Untergrund verklebt werden. Aufgrund der hohen Flexibilität und Verformbarkeit der Folien können auch Rundungen oder dreidimensional gestaltete Untergründe bezogen werden. Damit lässt sich auch Leichtbau mit optisch schwerem Holz oder Metall realisieren. Die manuelle Montage gestaltet sich denkbar einfach, es wird lediglich ein Messer und eine Rakel zum Aufbringen des Materials benötigt. Nachdem der Klebstoff ausgehärtet ist, halten die Folien dauerhaft. Aus 20 unterschiedlichen Produktgruppen können über 500 unterschiedliche Designs ausgewählt werden. In einigen Produktgruppen sind individuelle Sonderanfertigungen möglich.

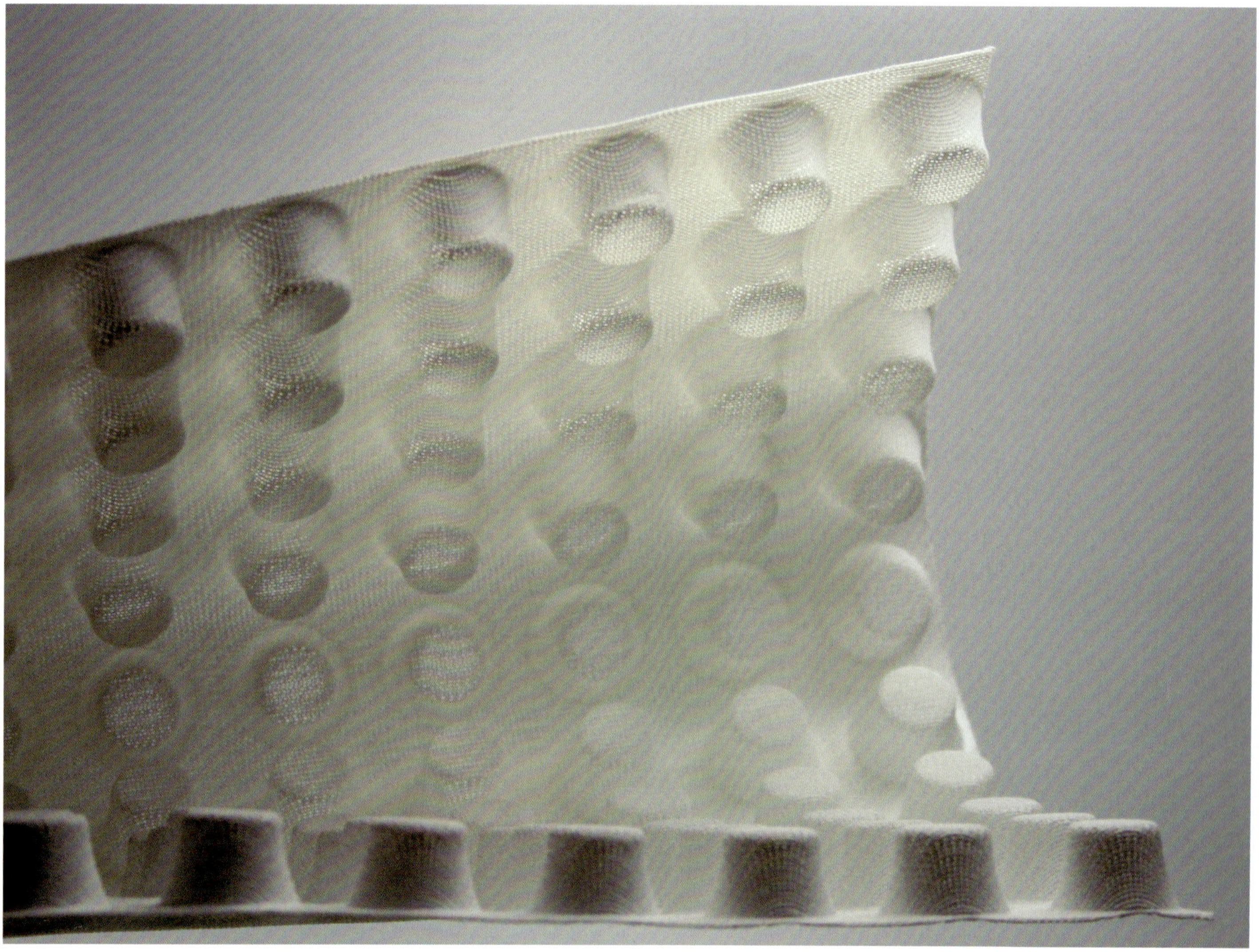

Material	Dreidimensional verformtes Textil
Verwendung	Kernmaterial für Sandwichbauteile / Messestandgestaltung / Design
Besonderheit	Facettenreich / Leicht
Produktbezeichnung	3D-Tex Standard
Hersteller	Mayser GmbH
	www.mayser.de

Das „Hut- oder Zylindertextil" kann seine langjährige Erfahrung des Unternehmens im Bereich der Verarbeitung von Textilien für Kopfbedeckung nicht leugnen. Obwohl dem Zylinder als Statussymbol heute keine Bedeutung mehr zukommt, geht von dem technischen Textil mit den vielen kleinen Zylindern eine Faszination aus, der man sich nur schwer entziehen kann.

Das Textil wird zuerst mit Harz behandelt und dann wie in der klassischen Hutproduktion dreidimensional verformt. Die für das neue Material vorzugsweise verwendeten Textilien sind Gewirke und Gestricke aus Polyester-, Polyamid- oder Baumwollfasern. Das Produkt wird beispielsweise als extrem leichtes, flexibles Kernmaterial für Sandwichbauteile eingesetzt. Durch die eigenständige Optik eignet es sich aber ebenso für den Designbereich, z.B. als Lampenschirm, Füllung von Leichtbauwänden oder im Messebau, wie beispielsweise beim Messestand der Firma Credo, den spek Design entworfen hat und wo das Material als markantes Beleuchtungselement verwendet wurde.

Material	Dolomit / Doppelstabgitter
Verwendung	Stütz- und Trockenmauer / Lärm- und Sichtschutz
Besonderheit	Werkseitig gefüllt und verdichtet / Schnelle Montage / Formstabil
Produktbezeichnung	Rawe Steinkorb
Hersteller	Franken-Schotter GmbH & Co. KG www.franken-schotter.de

Steine im Käfig werden als „Fertiggabionen" bezeichnet. Ursprünglich für die Befestigung von Hängen entwickelt, sollten sich die Fugen der Steine mit Boden zusetzen und der Draht langsam zuwachsen. Da die Optik der Steinkäfige aber Gefallen fand, sind heute ihre Drähte verzinkt und halten über mehrere Jahrzehnte.

Die bereits im Werk mit Natursteinen befüllten und verdichteten Gitterkörbe ermöglichen eine schnelle Montage. Direkt vom Lkw werden die verformungssteifen Körbe an die gewünschte Stelle gehoben und die Mauer steht im Nu. Die Schüttkörbe gibt es auch mit geschichteter Ansichtsfläche oder mit Zyklopensteinen. Durch die Serienproduktion ist eine Maßhaltigkeit und gleichbleibende Qualität gewährleistet. Zum Einsatz kommen die Steinkörbe bei Stütz- und Trockenmauern, Bauwerken oder als Sichtschutz. Aufgrund der guten Schallabsorption sind sie auch ideal als Lärmschutzwand geeignet.

Material	MDF / Sperrholz
Verwendung	Wandverkleidung / Türen
Besonderheit	Große Musterauswahl
Produktbezeichnung	Decorative wooden panels n° SoU 001
Hersteller	Objectile Diffusion www.objectilediffusion.com

CNC-bearbeitete Oberflächen erlauben ein „Non-Standard Design" mit nahezu unbegrenzten Möglichkeiten der Reliefgestaltung. Computergesteuerte Fräsmaschinen können rationell auch individuelle Formen umsetzen.

Die mit dem Kugelkopffräser bearbeiteten MDF-Platten gibt es in unterschiedlichen Reliefarten. Eine große Auswahl bieten z.B. lineare Anordnungen über Wellenformen bis hin zu freien Strukturen, die an Landschaftsmodelle erinnern. Als vom Computer generiertes Dekor können die Paneele auch programmgesteuert nach dem Zufallsprinzip variieren. Die Oberflächen der gefrästen MDF-Platten können lackiert oder mit Folien überzogen werden, was weitere Gestaltungsspielräume eröffnet. Die Platten kommen im gehobenen Möbel- und Messebau zum Einsatz.

Material	Feinsteinzeug glasiert
Verwendung	Innenraum / Wand- und Bodenbelag
Besonderheit	Reliefartige Oberfläche
Produktbezeichnung	croco-tiles
Hersteller	Settecento ceramica d´arte
	www.settecento.com

Das Feinsteinzeug wagt sich auf den Laufsteg und wird zum Lifestyle-Produkt. Von edlen Handtaschen, Schuhen oder Geldbörsen kennt man die Kroko-Oberfläche. Wer seine Kollektion vervollständigen möchte, kann jetzt auch Fliesen mit Krokolederoptik in sein Bad legen.

Das glasierte Steinzeug der Serie „croco-tiles" imitiert auf unkonventionelle Art und Weise den Noblesslook. Als Format stehen Platten von 24 x 72 Zentimetern und feine Leisten mit 3,8 x 72 Zentimetern zur Verfügung. Die länglichen Fliesen können quer oder hochkant verwendet werden, je nach gewünschtem Effekt. Die knalligen Farben der Kollektion erhalten durch die Glasur einen zusätzlichen Glanz. Wer es gern schlichter mag, wählt das ebenso erhältliche Schwarz und Weiß.

Material	Echtholz / Acrylglas
Verwendung	Innenausbau / Möbelindustrie / Schiffseinrichtung
Besonderheit	Hinterleuchtbar / Innovative Materialkombination
Produktbezeichnung	Java 15 LightLine blue
Hersteller	Hans Schröder GmbH & Co. KG www.holztechnik-schroeder.de

Ganz besondere „Rahmenbedingungen" für Tür- oder Wandfüllungen können mit Dekorfüllungen aus Holz- oder Metallgeflechten, Ziergittern oder Riffel- Lamellenplatten geschaffen werden. Die Dekorelemente können beispielsweise auf Span-, MDF-, Dämmplatten oder diverse andere Trägerplatten zu Sandwichelementen verpresst werden.

Zwei Materialien in Kombination, Holz und Acrylglas, werden mit Licht in Szene gesetzt. Auf eine transluzente Acrylglasplatte in Blau oder Klar wird eine Echtholzplatte laminiert und anschließend so bearbeitet, dass die Trägerplatte wieder in feinen Linien durchscheint. Die Lamellenart kann gewählt werden aus den Holzarten Buche, US-Eiche, Erle, Maple, Cherry, Bambus hell und Bambus dunkel. Die Lamellenplatten sind prädestiniert für den Einsatz als Möbel- und Innenausbaufronten. Durch die Möglichkeit der Hinterleuchtung wird mit den Lichtlinien eine ganz besondere Optik geschaffen.

Material	Feinsteinzeug unglasiert
Verwendung	Boden- und Wandbelag für Innen- und Außenbereiche
Besonderheit	Hightec-Keramikmarmor
Produktbezeichnung	Marmi
Hersteller	Mirage Granito Ceramico spa www.mirage.it

Arbeitsplatten aus Marmor sind edel und liegen im Trend. Allerdings sind bei der Benutzung und Reinigung gewisse Spielregeln einzuhalten, sonst wird Marmor schnell fleckig und stumpf. Wesentlich unempfindlicher ist Feinsteinzeug, das die Qualität und Zweckmäßigkeit von industrieller Keramik mit der Anmutung eines Natursteins vereint.

Das Aussehen der Oberfläche ist bei diesem Keramikgranit zufällig und wiederholt sich nicht, genau wie bei der Zeichnung von Natursteinen. Insgesamt ist die Erscheinung aber homogener und zeigt nicht die teilweise schon fast übertriebenen Veränderungen von Marmor- und Granitsteinen. Das Material „Granito Ceramico" wird aus den Mineralien Kaolin, Quarz und Feldspat hergestellt und weist eine außerordentliche Härte und Kompaktheit auf. Aufgrund der erwiesenen Festigkeit gegen alle chemischen Substanzen (mit Ausnahme von Fluorwasserstoffsäure) können bei Feinsteinzeug auch für die normale Reinigung energische oder konzentrierte Reinigungsmittel verwendet werden.

08.00 FUGENLOSE FANTASIEN

KOMBINIERBARKEIT FARBEN MINERALWERKSTOFF VERARBEITUNGSTECHNIK OPTIK DURCHGEFÄRBT FLIESSEND FORMENSPRACHE TERRAZZO BINDEMITTEL NASSBEREICH VERSIEGELUNG BEGRENZUNGEN GROSSFORMATIG OBERFLÄCHENFINISH NAHTLOS

FUGENLOSE FANTASIEN

Der Raum zwischen zwei Bauteilen zeichnet sich als Fuge ab. Leider wird diesem Detail allzu oft zu wenig Bedeutung beigemessen, beispielsweise deutlich sichtbar bei lieblosen Fugenbildern im Bad. Nicht umsonst spricht man auch von der „hohen Kunst der Fuge".

Allerdings wird nicht nur aus optischen Gründen vermehrt auf Materialien zurückgegriffen, die eine fugenlose Verarbeitung ermöglichen. Pilzbefall, Schimmel- oder Rissbildung bis hin zu unschönen Ablagerungen beginnen meist in den Fugen und Ritzen von Boden, Wand, Decke oder Möbeln. Wird mit den Fugen nicht sorgfältig umgegangen, bilden sich schnell gravierende technische und bauphysikalische Problemstellen.

Um den Fugenproblemen aus dem Weg zu gehen, können Beschichtungen verwendet werden, die vor Ort aufgetragen werden. Indes kann aber auch durch die Verwendung von größeren Plattenformaten die Anzahl der Fugen reduziert oder Stöße sogar ganz vermieden werden. Neben der stylischen homogenen Optik trägt auch das demografische Thema des barrierefreien Bauens für die älter werdende Bevölkerung zu neuen Entwicklungen und der Vermeidung von Fugen und Kanten bei.

Material	Zement / Mineralische Pigmente
Verwendung	Ausstellung / Ladenlokal / Foyer / Büro / Loft / Restaurant
Besonderheit	Fugenlos / Jeder Boden ist ein Unikat
Produktbezeichnung	Terrocco
Hersteller	Betonfußböden Kromer www.kromer-bau.de

Der blanke Estrichboden im Rohbau gibt den Räumen ein großzügiges und homogenes Aussehen. Wer diesen Effekt lieb gewonnen hat und das besondere Raumgefühl auch in bewohnbarem Zustand genießen möchte, kann das jetzt mit neuen Beschichtungen verwirklichen.

Bodengestaltung im Innenraum mit diesem modernen System hat immer ein Unikat zur Folge, kein Boden gleicht dem anderen. Die Stein- oder Betonböden werden gegossen und nivellieren sich selbst. Das Ergebnis ist eine homogene Bodenfläche, die ganzheitlich ohne Fugen ausgebildet werden kann. Der Bodenbelag wird in einer Stärke von 5 bis 8 Millimetern eingebracht. Mit mineralischen Pigmenten aus der ganzen Welt wird die flüssige Masse je nach Wunsch eingefärbt. Der Belag ist einfach zu pflegen und eignet sich für private und öffentliche Bereiche.

Material	Farbe aus Künstlerpigmenten
Verwendung	Wandfarbe / Fassadenfarbe / Kunst
Besonderheit	Kombinierbarkeit aller Farbtöne / Leuchtkraft
Produktbezeichnung	Kt.Color Pigmentfarben mit Polychromie Le Corbusier
Hersteller	Kt.Color AG www.ktcolor.ch

Um von Vorlagen in Briefmarkengröße, die von der Fondation Le Corbusier in Paris verwaltet werden, die gleichen Farben nachzumischen, ist fundiertes Fachwissen nötig. Die überlieferten 63 verbindlichen Farbtöne der Reihe von Le Corbusier werden unter Lizenz wieder hergestellt.

Das Besondere dieser Reihe ist die Kombinierbarkeit aller Farbtöne miteinander. Ganz gleich welche Farben nebeneinander verwendet werden, sie passen immer zueinander. Grund dafür sind natürliche Erdpigmente, teils bis dato vergessene Mineralpigmente und andere hochwertige Farbpigmente, die in den Farben enthalten sind.

Daraus resultiert auch die große Auswahl an Farbnuancen und deren Leuchtkraft. Die Farbenmanufaktur hat sich zum Ziel gemacht, einen Teil an historisch bedeutsamen Farben für die gegenwärtige Baukultur wieder zugänglich zu machen. Teilweise sind die Pigmentfarben auch als Fassadenanstrich erhältlich.

Material	Acrylgebundener Mineralwerkstoff
Verwendung	Arbeitsplatten / Waschtische / Theken / Möbel / Produktdesign
Besonderheit	Homogen / Thermisch verformbar / Fugenlos zu verarbeiten / Schwer entflammbar (B1)
Produktbezeichnung	LG Hi-Macs
Vertrieb	Rosskopf und Partner www.rosskopf-partner.com

Mineralwerkstoff ist den meisten Planern und Designern bekannt. Das Potenzial des Werkstoffs in Kombination mit modernen Verarbeitungstechniken hingegen schlummert noch etwas vor sich hin. Doch genau hier liegt die Stärke des Materials, mit dem sich so gut wie alle Formen und Ideen realisieren lassen.

Dieser Mineralwerkstoff ist eine Mischung aus natürlichen Mineralien, Pigmenten und reinem Acryl. Mehr als 70 Naturfarbtöne und Körnungen in unterschiedlichen Plattenstärken sind erhältlich. Die Optik der durchgefärbten Platten reicht von Natursteinimitat bis zu reinen Farben.
Beim Hotel Puerto America in Madrid wurden sieben der 19 Stararchitekten und Designer eingeladen, sich mit dem Designmaterial „LG Hi-Macs" auszutoben. Entstanden sind Räume mit einer fließenden oder puristischen Formensprache, runde Betten, hinterleuchtete Theken und Nasszellen aus einem Guss – die organischen Formen wurden mit diesem acrylgebundenen Mineralwerkstoff realisiert und zeigen deutlich, was damit alles machbar ist.

Material	Epoxidharz-Systemboden
Verwendung	Industrieboden / Designboden
Besonderheit	Schnell trocknend / Rutschfest / Elektrisch ableitend
Produktbezeichnung	MC-DUR Terrazzo
Hersteller	MC Bauchemie Müller GmbH & Co. KG
	www.mc-bauchemie.de

Terrazzo ist ein altes italienisches Wort für „Bodenbelag". Bereits in antiken römischen Villen finden sich Terrazzoböden. Er wird vor Ort hergestellt, indem ein Bindemittel mit Zuschlägen aus Gesteins- oder Glassplitt eingebracht und anschließend gewalzt und verschliffen wird.

Der neue Terrazzobelag verwendet als Bindemittel ein Reaktionsharz. Das hat den Vorteil, dass der Belag in kürzester Zeit flüssigkeitsdicht ist und schnell trocknet. Der Boden vereint damit gute technische Eigenschaften mit einem strahlenden Oberflächendesign. Erreicht wird dies durch hochglanzgeschliffene Dekorglaszuschläge, die in unterschiedlichen Farbabstufungen erhältlich sind.

Bestens geeignet ist dieser Bodenbelag für Industriehallen und gewerblich stark beanspruchte Objekte, aber auch für den hochwertigen Innenausbau in Handel und Gewerbe, Pharma- und Chemieindustrie sowie anderen repräsentativen Bereichen. Ableitfähige Systeme und unterschiedliche Rutschfestigkeiten sind realisierbar.

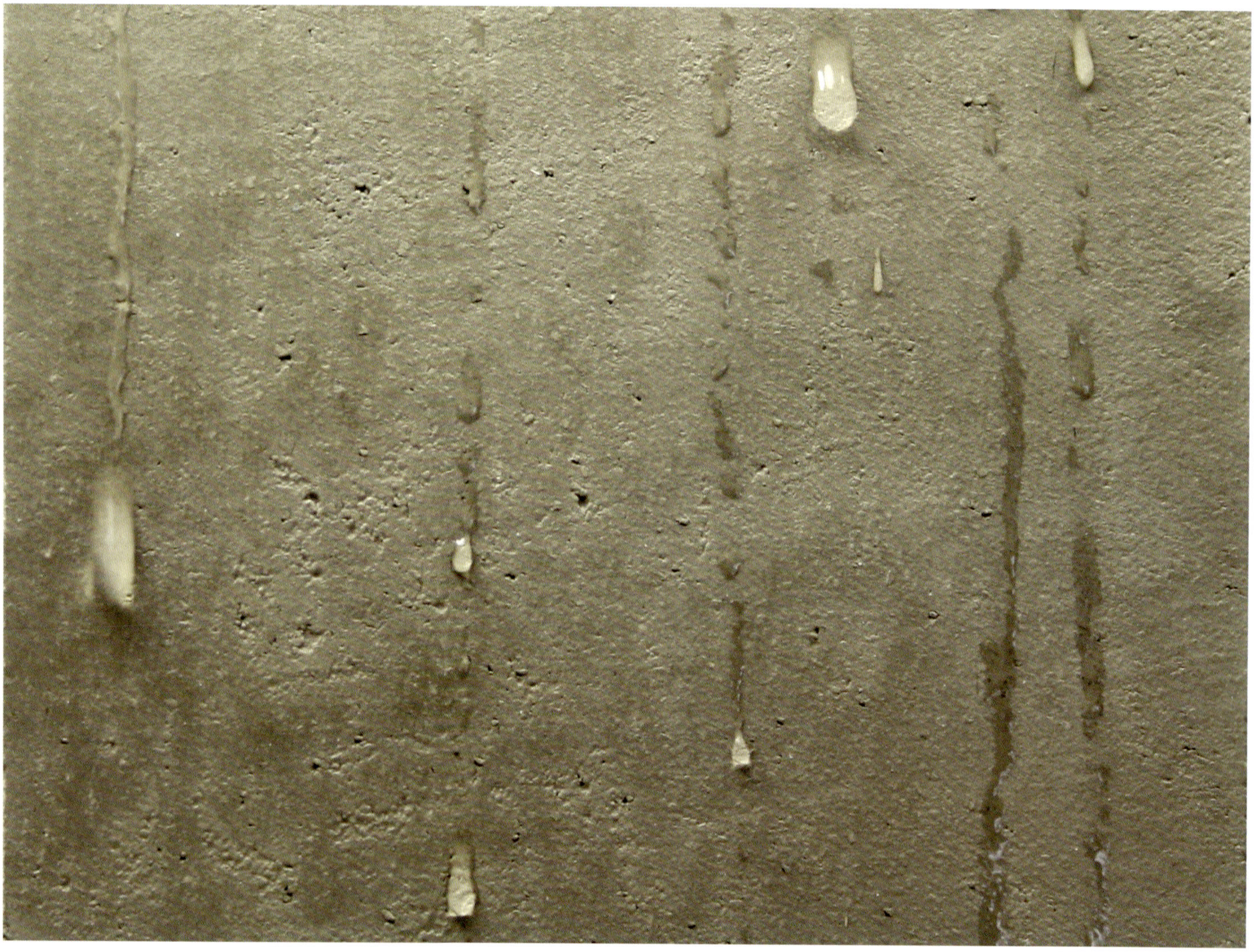

Material	Kalk
Verwendung	Fugenlose Bäder
Besonderheit	Geeignet für den Duschbereich / Fugenlos / Wasserabweisend
Produktbezeichnung	Wand 05 Senza
Hersteller	Farbrat
	www.farbrat.de

Fugenfreie Bäder bieten den Vorteil, eben keine Fugen aufzuweisen, in denen sich Schmutz und Schimmel bilden können. Um im Bad auf die klassische Fliese verzichten zu können, hat Farbrat das jahrhundertealte, fast vergessene Wissen über Kalkputz wiederbelebt.

Der fugenlose Wandbelag „Senza" aus der Kollektion „Wand 05" besteht aus dem natürlichen Werkstoff Kalk. In unterschiedlichen Arbeitsgängen erhält der Kalkputz seine Festigkeit und die feine, matte Optik. Nach dem Aushärten wird der Putz mit Seifen aus Olivenöl, Flussspat (d.h. dem Mineral Fluorit) oder Steinölen verdichtet. Farblich gibt es freie Gestaltungsmöglichkeiten.

Der Kalkputz sorgt aufgrund seiner diffusionsoffenen Oberfläche für ein angenehmes Raumklima, indem er Wasserdampf aufnimmt und langsam wieder abgeben kann. Die Oberfläche kann aber auch bedenklos im Nassbereich eingesetzt werden, da sie wasserabweisend ist.

Material	Dispersionsfarbe / Feine rostfreie Eisenteile
Verwendung	Innenraum / Wandgestaltung
Besonderheit	Magnete haften auf der Farbe
Produktbezeichnung	Magnetfarbe
Hersteller	P.+ R. Concept GmbH www.magnetfarbe.de

Das „Schwarze Brett" hat als Gedankenstütze für Einkaufszettel, Notizen oder Mitteilungen einen durchaus praktischen Nutzen – wenn nur das Brett nicht wäre. In den meisten Fällen ist es aus optischen Gründen nicht gewünscht. Die Alternative bietet dazu eine magnetische Fläche, die sich ganz ohne Magie auf jeder Wand realisieren lässt.

Magnetfarbe verwandelt jede Wand in eine Fläche, auf der Magnete haften. Die Latexfarbe auf Wasserbasis enthält Eisenteilchen, die bewirken, dass Magnete sich von ihr angezogen fühlen. Sie ist in kleinen und großen Gebinden erhältlich, je nach benötigter Magnetfläche. Eine gut haftende Fläche benötigt drei Farbschichten. Beim Endanstrich kann die Magnetfläche mit jeder beliebigen Farbe überstrichen werden, somit sind alle gewünschten Farbtöne umsetzbar. Eingesetzt werden kann die praktische Lösung in Kinderzimmern, Küchen, Schulen, Sitzungsräumen oder im Büro.

Material	Kies oder Splitt mit Spezialbindemittel auf Zementbasis
Verwendung	Zufahrten / Wege / Terrassen / Öffentliche Plätze
Besonderheit	Extrem wasserdurchlässig / Hoch belastbar / Fugenlos verlegbar
Produktbezeichnung	Bentra
Hersteller	Wilhelm Geiger GmbH & Co. KG www.w-geiger.de

Durch Versiegelung gehen in Deutschland täglich etwa 100 Hektar freie Landschaft verloren. Ein damit einhergehendes Problem ist die zu schnelle Entwässerung und die damit verbundene Gefahr von Hochwasser. Abhilfe kann ein Material schaffen, das die Vorteile der Versiegelung mit einer naturnahen Entwässerung kombiniert.

Der Belag überzeugt vor allem durch seine Ästhetik und die hohe Wasserdurchlässigkeit. Eine definierte Sieblinie und der Einsatz eines Spezialbindemittels auf Zementbasis führen zu einer hohen Druck- und Scherfestigkeit. Dadurch ist der Belag mit Fahrverkehr belastbar, weist eine hohe Frostbeständigkeit, Resistenz gegen Sulfateinflüsse (saurer Regen) und eine geringe Versinterungseigenschaft (Verkalkung) auf. Der Einbau dieses Belags erfolgt fugenlos über größere Flächen ohne seitliche Begrenzungen. Hofeinfahrten, Wege, Treppenanlagen oder ganze Plätze können mit dem „Bentra" gestaltet werden. Neben dem ökologischen Effekt bietet er den weiteren Vorteil, dass sich keine Pfützen auf ihm bilden können.

Material	Betonwerkstein
Verwendung	Selbsttragende Wandelemente für den raumbildenden Ausbau
Besonderheit	Große Formate / Variable Zuschnitte / Individuelle Musterentwicklung
Produktbezeichnung	Granisol Betonwerkstein
Hersteller	Kerapid Krüger und Schütte KG www.kerapid.de

Großformatige Wandelemente für den raumbildenden Innenausbau reduzieren die Anzahl der Fugen enorm. Die homogenen Flächen ermöglichen eine fugenlose Optik und bieten viel Gestaltungsspielraum.

Die bis zu 2,10 Meter hohen und variabel breiten Elemente sind eine Innovation für den Innenausbau. Selbsttragend werden die Elemente ohne weitere Unterkonstruktion aufgestellt. Sie bilden Räume, z.B. Fertigbäder, oder dienen als Vorstell- und Installationswand. Eine echte Alternative zum Trockenbau. Die Fugenlosigkeit der Elemente prädestiniert sie zum Einsatz in Feuchträumen im Objekt- und Privatbereich. Vielfältige Mineralien wie Granit, Marmor oder Basalt, farbige Glasgranulate und Farbpigmente eröffnen ein Spektrum für individuelle Muster. Für jedes Projekt wird ein einzigartiger, designorientierter Stein kreiert.

Material	Porzellankeramik
Verwendung	Fassade / Wand / Boden / Innenausbau / Küche / Bad / Sanitär / Schiffsbau
Besonderheit	3 x 1 Meter Plattengröße und Materialstärken von 3 , 4 und 7 Millimetern
Produktbezeichnung	Laminam
Vertrieb	Kcc KlöpferCompetenceCenter www.kcc-vertrieb.de

Das revolutionäre Produkt beeindruckt durch die ungewöhnlichen Abmessungen: Bei nur 3 Millimeter Stärke sind die Platten 3 x 1 Meter groß. Mit diesen Maßen stößt man erst spät auf Grenzen des Formats.

Die Platten sind aus Keramik hergestellt, härter als Granit und leichter als Aluminium. Die Bearbeitung kann mit den gleichen Maschinen erfolgen, die auch in der Glas- und Natursteinfertigung Anwendung finden. Die hoch verdichtete und homogene Porzellanoberfläche weist eine hohe Verschleißfestigkeit auf, ist kratzfest und chemikalienbeständig und daher besonders für z.B. Labortische geeignet. Durch das exzellente Oberflächenfinish und die breite Farbpalette eignen sich die Platten aber auch bestens für Innen- und Außenanwendungen, z.B. als Küchenarbeitsplatten, Wand- und Fußbodenbelag oder als Verkleidung von Türen und Möbeloberflächen.

Material	Gipskarton / Lautsprecher
Verwendung	Beschallung von Innenräumen
Besonderheit	Unsichtbarer Lautsprecher in der Wand
Produktbezeichnung	Knauf Soundboard
Hersteller	Knauf Gips KG www.knauf.de

Bester Sound im Wohnzimmer bedeutete bisher den Fußboden voller Kabel und überall große oder kleine Lautsprecher stehen zu haben. Jetzt geht es aber auch unsichtbarer: mit eingebauten Lautsprechern, die zum guten Ton auch die entsprechende Oberfläche bieten.

Die Flächenlautsprecher können unsichtbar in die Wand eingebaut und mit allen gängigen Oberflächen versehen werden. Egal ob danach gestrichen oder tapeziert wird, die Klangqualität bleibt voll erhalten. Da sie die gesamte Plattenfläche als Resonanzkörper nutzen, erreichen die Flächenlautsprecher einen sehr breitbandigen Frequenzbereich von 100 Hertz bis 18 Kilohertz. Eine sehr gute Sprachverständlichkeit und großflächige Schallausbreitung sorgen für besonders angenehmes Klangempfinden im gesamten beschallten Raum. Die eingebauten Lautsprecher können direkt an eine herkömmliche Stereoanlage angeschlossen werden, zusätzliche Spezialverstärker werden nicht benötigt.

Material	Blattmetalle (Gelb- und Weißgold / Platin / Silber / Kupfer / Aluminium u.a.)
Verwendung	Neuerstellung / Konservierung / Restaurierung
Besonderheit	Exklusive, edle Oberfläche
Produktbezeichnung	Blattmetall
Hersteller	Vergoldermeisterbetrieb M. Scherer-Metzler www.vergolderei-scherer-metzler.de

Das viel zitierte Sprichwort „Es ist nicht alles Gold, was glänzt" trifft hier bestimmt nicht zu. Edelste Oberflächen werden mit hoher handwerklicher Kunstfertigkeit und fundiertem Wissen hergestellt. Zum Einsatz kommen dabei verschiedene Blattmetalle.

Die vorchristliche Technik der Kombination von Blattmetallen und Farben gilt heute noch als etwas ganz Besonderes. Die Objekte können in der Werkstatt oder direkt vor Ort mit Gelb- und Weißgold, Platin, Silber, Kupfer oder Aluminium belegt werden. Beim Vergolden z.B. werden Gegenstände mit einer hauchdünnen Schicht Blattgold überzogen. 1 Gramm Gold ergibt bei einer Stärke von üblicherweise 0,00001 Millimeter eine Fläche von ca. 0,5 Quadratmeter. Die Goldplättchen werden mit einem speziellen Klebemittel aufgebracht und können anschließend noch poliert werden. Die Ölvergoldung ist sogar wetterfest und für den Außenbereich geeignet. Mit den edlen Oberflächen für den gehobenen Anspruch lassen sich Wände, Böden und Decken effektvoll gestalten.

Material	Kunststoff
Verwendung	Bodenbelag
Besonderheit	Sieht aus wie Beton / Nahtlos / Individuell gestaltbar
Produktbezeichnung	Betonlook
Hersteller	Betonlook www.betonlook.com

Nahtlose Böden sind ein spannendes Thema, und neue Materialien verschieben in dieser Produktgattung immer wieder die Grenzen des Möglichen. Der hier vorgestellte Boden ist nur 3 bis 4 Millimeter stark und wirkt doch wie ein massiver Betonestrich.

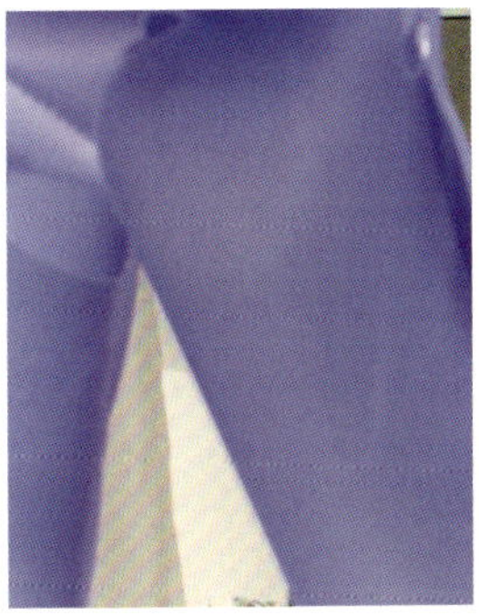

Der gegossene Kunststoffboden hat die Optik von Beton, ist allerdings schon nach vier Tagen ausgetrocknet. Er vereint eine schlichte nahtlose Optik mit großem kreativem Gestaltungsspielraum. Beim Verlegen kann individuell bestimmt werden, welche Struktur der Fußboden haben soll. Daher ist kein Betonlook-Boden genauso wie der andere. Nahezu alle gewünschten Farben sind möglich und selbst Grafiken oder Logos können damit realisiert werden. Der Boden kann auf fast jedem ebenen Untergrund aufgebracht werden. Er ist nahtlos, verschleißfest, pflegeleicht, farbecht und auch für Fußbodenheizungen geeignet. Es können Wohnbereiche, Büros, Läden und großräumige Objekte mit den Böden realisiert werden.

SCHÜTZENDE HÜLLE

ROBUST ANMUTUNG DÄMMEIGENSCHAFTEN ABRIEBFEST UNEMPFINDLICH FASSADE SCHMUTZHAFTUNG OBERFLÄCHENRESISTENT WANDBEWITTERUNG CHEMIERESISTENT FROSTBESTÄNDIGKEIT VEREDELUNG KORROSIONSVERHALTEN VORBEWITTERT HÄRTE

09 SCHÜTZENDE HÜLLE

Die Haut umgibt den menschlichen Körper wie eine schützende Hülle. Sie ist das vielseitigste Organ und dient der Abgrenzung von Innen und Außen. Trotzdem bekleiden wir unsere empfindliche Haut mit einer zweiten Hülle, um uns durch die Bekleidung den vorherrschenden Lebensbedingungen anzupassen.
Als Trennschicht betrachtet, trägt die Haut oder Hülle auch bei den Materialien eine ganz besondere Verantwortung. Die oberste Haut oder Schale kann rein dekorative Aufgaben übernehmen und die Optik sowie Haptik beeinflussen. Oder sie wird für den spezifischen Schutz vor beispielsweise Kratzern eingesetzt.
In der Architektur übernehmen Fassade oder Außenwände die Rolle als Trennschicht von Innen und Außen. Neben dem hauptsächlichen Schutz vor Umwelteinflüssen dient die Fassade aber auch repräsentativen Zwecken und tritt in Kommunikation mit der Umwelt und dem Betrachter. Als Bauteil betrachtet gehort sie zu den kompliziertesten Teilen des Hauses und bietet bei der Materialwahl eine große Vielfalt an möglichen Umsetzungen, von den klassischen Lösungen der Steinfassade über aktuelle Wärmedämmverbundsysteme bis hin zu Hightech-Werkstoffen.

Material	Flüssigmetall
Verwendung	Oberflächenbeschichtung / Metallguss
Besonderheit	Flüssige Metallbeschichtung
Produktbezeichnung	Liquid Metals
Hersteller	liqmet-europe www.liqmet-europe.com

Eine Innovation im Bereich der Oberflächenbeschichtungen bietet die flüssige Metallbeschichtung mit dem bezeichnenden Namen „Liqmet". Die Idee entstand in Australien bei der Suche nach einer Methode, wie eine nahtlose und von der Form unabhängige Metallbeschichtung realisiert werden kann.

Das Flüssigmetall lässt sich verarbeiten wie ein Zwei-Komponenten-Lack. Die Beschichtung kann via Sprühgerät, Pinsel, Spachtel, Rolle oder im Tauchverfahren aufgebracht werden. Das Material kann auf nahezu jegliche Oberfläche aufgetragen werden. Eine einfache Vorbereitung der zu behandelnden Oberfläche genügt, um eine Adhäsion sicherzustellen. Als Finish wird das Material in Aluminium, Messing, Kupfer, Bronze, Eisen, Gold und Platin angeboten. Die behandelte Oberfläche kann durch kontrolliertes Oxidieren auch eine gealterte Fläche imitieren, z.B. eine verrostete Metallplatte. Auf Wunsch ist das Material auch wasserdicht und damit für Außenanwendungen einsetzbar.

Material	Pulverbeschichtung
Verwendung	Möbel- und Innenausbau
Besonderheit	Pulverbeschichtung auf MDF / Widerstandsfähige, kratzfeste Oberfläche
Produktbezeichnung	Woodcoat
Hersteller	Ramseier Woodcoat AG www.woodcoat.ch

Beim Pulverlackieren werden elektrisch leitfähige Werkstoffe mit Pulverlack beschichtet, der anschließend bei hohen Temperaturen gebrannt wird. In der Metallveredelung seit Jahren ein Standardprozess, beginnt in der Holzbeschichtung eine neue Ära, indem das Verfahren auch dort angeboten wird.

Die größte Herausforderung bei der Pulverbeschichtung von Holz ist der Einsatz von Elektrostatik (Holz ist ein nicht leitfähiger Werkstoff) und die hohe Temperaturbelastung. Durch viele technische Verbesserungen und eine neuartige Anlagenplanung können heute auch mitteldichte Faserplatten (MDF) mit Pulver beschichtet werden. Das Verfahren ist umweltschonend: verminderte Emission, kein Einsatz von Lösungsmitteln und kaum Verlust von Farbe. Die Oberfläche hat einen nahtlosen Kantenverlauf und wird widerstandsfähiger und kratzfester. Pulverbeschichtungen sind in allen RAL-Farben möglich.

Material	Rindleder
Verwendung	Lederpaneele / Bettkopfenden / Polstermöbel
Besonderheit	Sondereinfärbungen nach Farbvorlage / Metalleffekte / Schwer entflammbar (B1)
Produktbezeichnung	Wecano Plus Möbelleder
Vertrieb	Willi Kirsch GmbH & Co. KG www.leder-kirsch.de

Der tägliche Kontakt mit Leder ist auch in der heutigen Zeit noch sehr vielfältig. Von den Lederschuhen über den Geldbeutel bis hin zum Autositz begegnet uns das strapazierfähige Material. Selbst bei Klassikern wie dem natürlichen Leder finden sich nach wie vor neue Entwicklungen und Innovationen.

Die „Collection Wecano" zeichnet sich durch ihre Material- und Farbvielfalt aus. Das nach Eigenschaft, Haptik und Design selektierte Sortiment bietet leichte Auswahl für den individuellen Einsatz im Innenausbau. Modische und klassische Farben sind garantiert langjährig lieferbar. Auch Sondereinfärbungen sind möglich. „Wecano Plus Rindnappa" ist ein strapazierfähiges, schwer entflammbares, hochwertiges Material für die Verwendung im Objekt, z.B. als Bezugsleder für Möbel, Wandverkleidungen und Ähnliches gedacht. Eine B1-Ausrüstung ist nach Anforderung extra machbar. Die Produktpalette reicht vom Dekofell über Wildleder (original sämisch Hirschleder aus der Trachtenmode) bis hin zu Blankleder für Schreibtischplatten und Echt-Pergament.

Material	Wetterfestes Buchenformholz
Verwendung	Gartenmöbel / Fassadenplatten / Public Design / Spielgeräte
Besonderheit	Wetterfest / Doppelte Härte / Farblich gestaltbar
Produktbezeichnung	Becker belmadur
Hersteller	Fritz Becker KG www.becker-kg.de

Viele bekannte Möbelklassiker sind aus Buchenformholz hergestellt. Aus dem Material werden z.B. Sitzschalen, Armlehnen oder komplette Stühle gefertigt. Durch die Verwendung von Holz als Grundwerkstoff ist Formholz zeitgemäß, aber nicht modisch. Mit einer neuartigen Behandlung kann das Buchenholz jetzt auch im Außenbereich eingesetzt werden.

Buche wird aufgrund ihrer Zähigkeit, Flexibilität und Bearbeitungs- und Verformungsmöglichkeiten für Formholz verwendet. Einen Nachteil hatte das Holz allerdings bisher: Für die Anwendung im Außenbereich war es nicht geeignet. Mit einem neuen patentierten Verfahren ist es jetzt gelungen, dem heimischen Holz die Eigenschaften von wetterresistentem Tropenholz zu verleihen. Unter Vakuum wird das Holz mit einer speziellen Flüssigkeit getränkt und anschliesend wieder getrocknet. Dadurch wird es auch härter, formstabiler und langlebiger. Die vielfältigen Gestaltungsmöglichkeiten von Formholz bleiben hingegen erhalten.

Material	Beschichtung auf Polyurethanbasis
Verwendung	Oberflächenschutzsystem / Graffitiprophylaxe
Besonderheit	Permanenter Graffitischutz / Schmutzabweisend / UV- und Witterungsbeständig
Produktbezeichnung	Emcephob Nanoperm P
Hersteller	MC-Bauchemie Müller GmbH & Co. KG www.mc-bauchemie.de

Nicht selten sind gerade erstellte oder frisch instand gesetzte Bauwerke das Ziel von Sprayern. Von moderner Kunst kann bei den Schmierereien nur in den seltensten Fällen gesprochen werden, die unerwünschten Verunstaltungen müssen aufwändig wieder entfernt werden. Einfacher wird die Reinigung mit einer Graffitiprophylaxe.

Das lösemittelfreie, wässrige Schutzsystem kombiniert einen Oberflächenschutz mit wirksamem Graffiti-Schutz. Nach Angaben des Herstellers besteht die Schutzwirkung gegenüber nahezu allen Sprühfarben, Sprühlacken, Permanentmarkern, Textmarkern, Lippenstiften, Markierungssprays und bitumenhaltigen Anstrichen. Graffiti und Farbschmierereien werden mit einem Reinigersortiment umweltfreundlich wieder entfernt. Das Produktprogramm umfasst ein farbig pigmentiertes Oberflächenschutzsystem, einen transparenten vorbeugenden Betonschutz – beide mit „eingebauter" Graffitischutzwirkung – sowie eine Beschichtung für die reine Graffiti-Prophylaxe.

Material	Fiberglas
Verwendung	Als Füllung in Toren und Fassaden
Besonderheit	Lichtdurchlässig / Geringes Eigengewicht / Einlaminierung von Bildern möglich
Produktbezeichnung	Fassadensystem: Varioplan plus
Hersteller	Butzbach GmbH Industrietore www.butzbach.com

Kunststoff, der mit Glasfasern verstärkt wurde, ist umgangssprachlich auch als „Fiberglas" bekannt. In der Fachwelt wird das Material in der Kurzform als „GFK" bezeichnet. Aufgrund des ausgezeichneten Korrosionsverhaltens wird es z.B. für Bootsrümpfe verwendet. Denken Sie dabei einmal an Ihren letzten Ausflug mit dem Tretboot.

Die Doppelstegplatten aus GFK besitzen gute Dämmeigenschaften aufgrund des Kammerprinzips. Das geringe Gewicht und die hohe Stabilität von Fiberglas ermöglichen große Spannweiten ohne zusätzliche Stützen, Verstrebungen und Stoßfugen. Aufgrund der Eigenschaft, keine Radarstrahlen zu reflektieren, eignet sich das Material auch optimal für den Einsatz auf Flughäfen.

Fiberglas steht außerdem für Langlebigkeit, Witterungs- und Korrosionsbeständigkeit. Bildmotive oder Firmenlogos können in Fiberglas integriert werden, um auf einem Tor oder einer Fassade zu erscheinen. Das Einschieben von farbigen Folien in das Material ist eine weitere interessante Gestaltungsmöglichkeit.

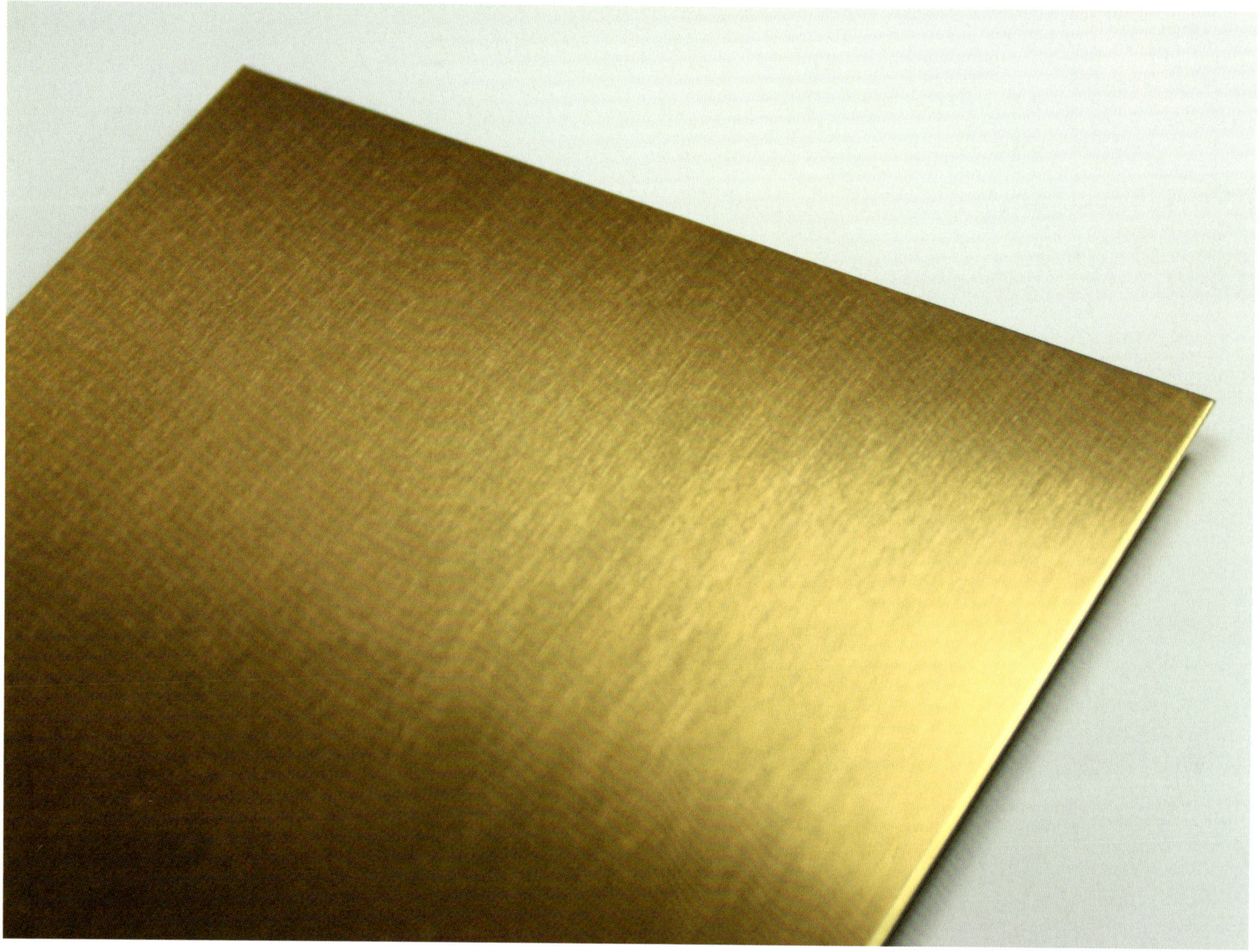

Material	Kupfer-Aluminium-Legierung
Verwendung	Fassade
Besonderheit	Lebendige Oberfläche / Robust
Produktbezeichnung	Tecu Gold
Hersteller	KM Europa Metal AG www.tecu.com

Eine Fassade aus Gold – hergestellt mit der außergewöhnlichen Legierung des vielseitigen Werkstoffs Kupfer. Der ursprüngliche goldene Farbton der Oberfläche entwickelt sich bei freier Bewitterung mit einer ganz eigenen Charakteristik weiter, der gleiche Effekt ist auch bei viel getragenem Goldschmuck zu beobachten.

Eine Legierung aus Kupfer und Aluminium schafft die edle goldene Oberflache der Fassadenplatten. Nach der anfänglichen Mattierung entsteht allmählich eine gelbe Oxidationsfärbung, die schließlich in einen matten lebendigen Goldton übergeht. Das Material bietet eine außerordentliche mechanische Abriebfestigkeit, extrem hohe Korrosionsbeständigkeit sowie hervorragende Festigkeit und Materialsteifigkeit. Der Werkstoff ist sehr gut kalt umformbar und in gewohnter handwerklicher Technik verarbeitbar. Aufgrund der besonderen Materialeigenschaften eignet sich das „Gold" hervorragend für großformatige Anwendungen an der Fassade.

Material	Echtholzfurnier / Zellulosebahnen / Harz
Verwendung	Fassade / Innenausbau
Besonderheit	Witterungsbeständiges „Holz" in 5 Farben
Produktbezeichnung	Baq+
Hersteller	Prodema SA www.prodema.de

Holz bietet eine natürliche Schönheit und Ausstrahlung. In Verbindung mit der patentierten Lösung für dauerhaft wetterfestes Holz lassen sich damit Fassaden realisieren, die eine ungewohnt hohe Oberflächenresistenz aufweisen.

Der Kern der Fassadenplatten besteht aus in Harz getränkten Papierbahnen, die unter hohem Druck gehärtet werden. Die oberste Schicht auf der Sichtseite besteht aus einem Echtholzfurnier und gibt den Platten ihr natürliches Aussehen. Das Furnier ist mit einem heißverfilmten Acryl überzogen und dient als erhöhter Schlagregenschutz, schützt gegen Witterung und UV-Strahlung und vermindert die Schmutzhaftung. Die Befestigung der Platten erfolgt entweder sichtbar genietet oder geschraubt auf einer Unterkonstruktion oder unsichtbar mit Ankern. Als Oberfläche stehen 5 Farben zur Auswahl, von Hellbraun bis Rötlichbraun.

Material	Basaltlava
Verwendung	Fassade / Bodenbelag / Massivarbeiten
Besonderheit	Naturprodukt / Vielfältige Oberflächen
Produktbezeichnung	Mendiger Basaltlava
Hersteller	Mendiger Basalt www.mendiger-basalt.de

Durch die Einzigartigkeit der offenporigen Struktur wurde Basaltlava als „immer scharfer" Mühlstein schon in der Römerzeit in ganz Europa bekannt. Einstmals diente der vulkanische Stein im Bauwesen zur Dekoration vornehmlich sakraler Bauten wie des Kölner Doms.

Durch die raue Oberfläche mit dem feinen Porenvolumen erreicht der Stein schon in seiner gesägten Form hohe Rutschsicherheitswerte. Das anthrazit bis tief schwarze Gestein wirkt edel und weist gute technische Werte in Bezug auf Frost-, Tausalz und Chemieresistenz auf. Ob gesägt, gebürstet, gestockt, geriffelt oder in den verschiedensten Stufen geschliffen bis poliert, jede Oberfläche ist anders und lädt zur Gestaltung mit dem Material ein. Ob im Außen- oder Innenbereich, am Boden, der Wand oder auf dem Dach, im Garten oder auf öffentlichen Freiplätzen findet Basaltlava seine Anwendung.

Material	Holz
Verwendung	Fassadenbekleidung
Besonderheit	Ressourcenschonender Baustoff / Bewährtes Montageprinzip
Produktbezeichnung	Variant-Profil
Hersteller	Moco J. A. Molfenter GmbH & Co. KG www.moco.de

Der ökologische Werkstoff Holz lässt sich sehr vielseitig einsetzen. Als Schalung für Fassaden kann er noch nachträglich angebracht werden und bietet sich daher auch für die Modernisierung von Gebäuden an.

Zeitsparend und recht einfach ist die Verlegung der Fassadenprofile aus Vollholz aufgrund des bewährten Steckprinzips von Nut und Feder. Die Profile werden in den Holzarten Nordische Fichte und Sibirische Lärche hergestellt. Das Lärchenholz ist durch Inhaltsstoffe auch im Außenbereich ohne Oberflächenbehandlung sehr lange haltbar. Mit der Zeit verfärben Witterungseinflüsse wie Sonne, Wind und Regen das rötlichbraune Lärchenholz, es erhält die typisch silberne Patina. Die Profile werden auch dem konstruktiven Holzschutz gerecht, so sorgen die Profilschräge und die Tropfkante dafür, dass Regenwasser schnell abfließt.

Material	Glas- und Siebdruck
Verwendung	Fassade / Innenraum
Besonderheit	Beständigkeit des Materials / Individuelle Gestaltungsmöglichkeit
Produktbezeichnung	Transluzenter Siebdruck auf Glas
Hersteller	Joh. Sprinz GmbH & Co. KG www.sprinz.eu

Wie der Begriff schon sagt: Glas ist klar – glasklar. Alternativ kann Glas allerdings auch sehr gut bedruckt werden. Neben rein optischen Gründen erweitert Siebdruck auch den kreativen Spielraum.

Das Einscheiben-Sicherheitsglas „Spridur ESG" ist mit transluzentem Siebdruck versehen. Bei diesem Verfahren wird keramische Farbe dauerhaft in das Glas eingebrannt. Gegenüber geätzten Gläsern weist der transluzente Siebdruck eine abriebfeste und unempfindliche Oberfläche auf, die schnell und absolut hygienisch zu reinigen ist. Die Fassadenverglasungen sind auf die konstruktiven Eigenschaften von Glas abgestimmt und bieten sich für die Realisation architektonischer Trends wie lichtdurchflutete Innenräume und großzügige Lichtausnutzung an. Mit den bunten Gläsern wird eine individuelle Gestaltung der Optik ermöglicht und aufgrund der Resistenz können die Scheiben sowohl im Innenraum wie auch als Fassadenmaterial eingesetzt werden.

Material	Cortenstahl
Verwendung	Fassade
Besonderheit	Natürlich alterndes Material
Produktbezeichnung	Cortenstahlkassettenfassade
Hersteller	Limeparts www.limeparts.be

Auch Rost kann seinen ganz eigenen Charme entwickeln. Rostender Stahl hat allerdings das Problem, irgendwann brüchig zu werden und dann beispielsweise im Autokotflügel unansehnliche Löcher auszubilden. Die spezielle Legierung von Cortenstahl zeichnet sich dagegen durch eine hohe Witterungsbeständigkeit aus.

Die Fassadenkassetten aus Cortenstahl werden in hellbrauner Farbe angeboten, die im Laufe der Zeit die typisch dunkelbraune Färbung bekommt. Die Oberfläche dieses Stahls ist mit einer besonders dichten Eisenoxidschicht überzogen. Diese ist für die hohe Rostbeständigkeit verantwortlich und fungiert als Absperrung gegen weiteren Zutritt feuchter Umgebungsluft und damit weiteren Rostbefall. Eingesetzt als Fassadenmaterial entwickelt Cortenstahl eine kompromisslose Aussage. Die Zeit geht an solch einem Gebäude im positiven Sinn nicht spurlos vorbei und ist an den Farbveränderung seiner Fassade ablesbar.

Material	Faserzement
Verwendung	Dach / Fassade / Innenraum / Möbel
Besonderheit	Durchgefärbt transparente Lasur oder deckende Farbbeschichtung
Produktbezeichnung	Eternit Fassadentafel Natura
Hersteller	Eternit AG www.eternit.de

Bekannt und oft eingesetzt sind die grauen Wellplatten aus Faserzement, die als Dachdeckung schon zu den Werkstoffklassikern gezählt werden können. Heute existiert ein großes Sortiment an dauerhaften Produkten für Dach, Fassade und Ausbau in verschiedenen Formaten und Farben.

Baustoffe aus Faserzement bieten den großen Vorteil guter Brandbeständigkeit und einer robusten Oberfläche. Das Spektrum reicht von Faserzement für Dachplatten, Wellplatten, Fassadentafeln, Putz- und Fliesenträgerplatten über Beton für Dachsteine und Ton für Fassadenziegel bis hin zu Holzzement und Kalziumsilikat für den Innenausbau. Die Farbpalette bietet viel Möglichkeiten der Gestaltung von farblos über farbig lasierte Tafeln bis hin zu deckenden Farbbeschichtungen, die auch kräftige Akzente erlauben. Das Besondere an diesem Material ist außerdem der eigenständige Oberflächencharakter und die Formbarkeit sowie die Frostbeständigkeit.

Material	Legierung aus Zink und Anteilen an Kupfer und Titan
Verwendung	Fassadenverkleidung / Dachdeckung / Dachrinnen
Besonderheit	Langlebigkeit / Gute Verarbeitungseigenschaften
Produktbezeichnung	Rheinzink Titanzink
Hersteller	Rheinzink GmbH & Co. KG www.rheinzink.de

Zink ist ein vielseitiges Metall. Zum einen ist es ein notwendiges Spurenelement unseren Organismus – der Zinkgehalt eines erwachsenen Menschen beträgt etwa 1,5 bis 3 Gramm bei 70 Kilogramm Körpergewicht –, zum anderen findet dieses Metall seine Anwendung in der Industrie z.B. als Legierungsbestandteil, Veredelung oder Gussteil.

Zink ist der klassische Werkstoff für Klempnerarbeiten. Eine sich durch die Bewitterung bildende, natürliche Patina schützt das Material und macht Wartung sowie Pflege überflüssig. In klassischer Falz- und moderner Systemtechnik werden individuelle Bauvorhaben realisiert. Das Material wird in drei unterschiedlichen Oberflächenqualitäten angeboten: in walzblank, blaugrau und schiefergrau. Die blaugrauen bzw. schiefergrauen Oberflächen der vorbewitterten Qualitäten empfehlen sich insbesondere für optisch anspruchsvolle Dach- und Fassadenflächen.

NATURBAUSTOFFE GEWACHSEN ISOLIERGLAS ATMOSPHÄRE LEHM ATMUNGSAKTIV NATURSTEIN RAUMKLIMA ENERGIEBEDARF UMWELTVERTRÄGLICHKEIT GESUNDHEIT BESTÄNDIGKEIT MASSIVHOLZ ROHSTOFFE WÄRMESPEICHERFÄHIGKEIT RECYCLING

10 BEWUSST BIOLOGISCH

Es wird viel geredet übers Energiesparen. 2008 kommt der Energiepass für Gebäude und im ganzen Land werden so viele Fassaden gedämmt, dass schon die Dämmmaterialien knapp werden oder sehr lange Lieferzeiten haben. Eine lobenswerte Entwicklung, welche lange auf sich hat warten lassen. Möchte man ökologisch bauen, reicht es allerdings nicht nur gut zu dämmen. Eine ganzheitliche Betrachtung ist gefragt, von der Erstellung des Bauwerks über die Konstruktion bis hin zur Entsorgung spielen viele Faktoren eine Rolle. Die Baubiologie verdient weit mehr Beachtung als nur in Bezug auf die Senkung von Energiekosten. So wird beispielsweise das Raumklima maßgeblich von den verwendeten Materialien beeinflusst. Ausdünstungen von Werkstoffen, die teilweise über Jahre anhalten, können massive gesundheitliche Schäden verursachen. Ein weiterer Aspekt des ökologischen Bauens ist auch die Müllentsorgung – nach wie vor gehört die Bauindustrie mit zu den größten Müllproduzenten.

Bei der Vielfalt der zur Verfügung stehenden biologischen Materialien besteht noch viel Nachholbedarf. Interessanterweise sind die klassischen, baubiologisch unbedenklichen Materialien fast ausschließlich altbekannte Werkstoffe, die teilweise sogar in Vergessenheit geraten waren und jetzt wieder zum Einsatz kommen. Neue Materialentwicklungen sind noch sehr spärlich anzutreffen und bilden bisher nur eine kleine Randgruppe.

Material	Isolierglas / Holz
Verwendung	Fassade
Besonderheit	Isolierglas schützt das Holz
Produktbezeichnung	Okawood
Hersteller	Okalux GmbH www.okalux.de

Der Anspruch, mit Licht und Schatten Innenräume zu gestalten, führt zu sehr interessanten Ergebnissen. Vor allem wenn natürliches Licht verwendet wird, ergibt sich ein sich permanent ändernder Raumeindruck, bedingt durch den Grad der Bewölkung oder den aktuellen Sonnenstand.

Diese Isoliergläser modellieren durch eine Einlage das einfallende Licht. In den Scheibenzwischenraum können die unterschiedlichsten Materialien eingebracht werden, wie beispielsweise Streckmetall aus Kupfer, Edelstahlgewebe oder transluzente Kapillarplatten. Bei dem hier vorgestellten Isolierglas wurde der natürliche Werkstoff Holz in Form eines Rasters in den Zwischenraum integriert. Durch das Glas ist das Holz dauerhaft vor Witterungseinflüssen und UV-Strahlen geschützt, gibt aber dem Erscheinungsbild der Fassade die besondere Ausstrahlung von Holz. Das durchscheinende Licht wird durch das Gitter gebrochen und sorgt im Inneren für eine behagliche Atmosphäre. Bei diesem Produkt verschmelzen gekonnt natürliche Behaglichkeit und moderne Funktionalität.

Material	Lehmputz
Verwendung	Innen- und Außenanwendung / Fassade / Wand / Decke
Besonderheit	Klimaregulierend
Produktbezeichnung	Clayfix
Hersteller	Claytec
	www.claytec.de

Seit mehr als 9000 Jahren prägt Lehm die Baukultur. Noch heute lebt etwa ein Drittel der Erdbevölkerung in Lehmhäusern. Naturbaustoffe aus Lehm wurden früher in unseren Breitengraden z.B. für Innenwände oder Geschossdecken verwendet. Erst mit dem wirtschaftlichen Aufschwung der 1960er Jahre verlor einer der ältesten Baustoffe in unseren Regionen an Bedeutung.

Lehmputz bietet als natürliches Baumaterial interessante Vorteile. Er ist rein biologisch, atmungsaktiv, leicht zu verarbeiten und frei von allen Lösungsmitteln. Das Produkt wird als System angeboten und ist in praktischen 20-Kilogramm-Eimern erhältlich. Mit den vier unterschiedlichen Oberflächeneigenschaften – vom Strukturputz bis hin zum Feinputz – ergeben sich kreative Gestaltungsmöglichkeiten. Der Strukturputz bietet beispielsweise die besondere Möglichkeit, mit beigemengten Strohfasern zu arbeiten. Diese werden nach dem Austrocknen wieder freigewischt, dadurch entsteht ein angenehm schimmernder Glanz auf der Oberfläche.

Material	Grauwacke
Verwendung	Garten- und Landschaftsbau / Bodenbeläge innen / Küchenarbeitsplatten / Badausstattung
Besonderheit	Säurefest / Frostbeständig nach DIN EN 1341
Produktbezeichnung	Quirrenbach Grauwacke
Hersteller	Heinrich Quirrenbach Naturstein Produktions- und Vertriebs GmbH www.quirrenbach.de

Die Quirrenbach Grauwacke ist zwischen 380 und 387 Millionen Jahre alt. Sie entstand zu einer Zeit, als das ganze Rheinische Schiefergebirge, zu dem auch das Bergische Land gehört, in dem der Steinbruch liegt, vom Meer bedeckt war. Die maritimen Einschlüsse in Form von Fossilien und die Farbtönung verleihen dem Stein seinen Charakter.

Das typische Farbbild dieses Natursteins liegt irgendwo zwischen Grau und Graubraun. Der Stein wurde bei seiner Entstehung stark verfestigt, sodass er eine harte Oberfläche hat. Da der Stein in großen Blöcken abgebaut werden kann, eignet er sich z.B. auch für Küchenarbeitsplatten ohne Fugen. Die weiteren Einsatzmöglichkeiten reichen vom Bodenbelag über Waschbecken bis hin zu Kaminverkleidungen. Aufgrund seiner Frostbeständigkeit ist er auch im Außenbereich, beispielsweise als Pflaster oder Fassadenverkleidung einsetzbar.

Material	Sisal / Wolle
Verwendung	Büro / Lounge / Konferenzraum
Besonderheit	Bis 130 Quadratmeter in einem Stück erhältlich / Individuelle Anfertigung (Form / Farbe / Größe)
Produktbezeichnung	Jaipur / Rep
Hersteller	Ruckstuhl AG www.ruckstuhl.com

Die hohe Strapazierfähigkeit von Sisal stellen z.B. Sohlen von Sommersandalen unter Beweis. Aus dieser Naturfaser einen Boden zu weben liegt also nahe, zumal die Kunst des Webens eine der ältesten kulturellen Aktivitäten des Menschen darstellt.

Dieser Bodenbelag wird zwar nicht mehr von Hand gewebt, zum Einsatz kommen aber nach wie vor reine Naturfasern. Aus dem Blatt der Sisalagave, deren Ursprung in Mexiko liegt, wird das Sisalgarn gewonnen. Mit diesem Garn wird die Kollektion „Jaipur" gefertigt. Dieser Sisalboden hat einen feinen Glanz. Dank der gleichmäßigen Struktur und Farbe kann die Faser auch gut gefärbt werden. Sisalböden sind als abgefasste Läufer in individuellen Zuschnitten oder auch als Bahnenware erhältlich. Die hohe Strapazierfähigkeit macht ihn besonders geeignet für den Einsatz in stark frequentierten Bereichen.

Material	Lehmputz
Verwendung	Innenputz / Altbausanierung / Feuchtraum
Besonderheit	Ökologischer Baustoff / Diffusionsoffen
Produktbezeichnung	Rajasil Lehmputz grob und fein / Rajasil Lehmdekorputz
Hersteller	Colfirmit Rajasil GmbH & Co. KG www.colfirmit.de

Jahrtausendealt und bewährt, doch von der modernen Architektur weitgehend zurückgedrängt ist er der Baustoff, der ein gesundes Raumklima zu vermitteln vermag: Lehm. Beinahe uneinholbar haben bei uns Materialien wie Beton, Ziegel oder Stahl ihren Siegeszug durch die Bauten geführt. In den letzten Jahren jedoch wird der Ruf nach naturnahen Baumaterialien immer lauter.

Lehm kann, wie kaum ein anderer Baustoff, eine bemerkenswerte Vielzahl positiver Attribute hinsichtlich Umweltverträglichkeit, Energiebedarf und Gesundheit in sich vereinen. Aus diesem Grund wurde ein Lehmputzsystem entwickelt, das universell einsetzbar ist und mit rein natürlichen Inhaltsstoffen sowohl bei der Restaurierung historisch wertvoller Bauwerke als auch bei der Realisierung von Neubauten eingesetzt werden kann. Das Material ist außerordentlich diffusionsoffen und sehr gut feuchteregulierend, was z.B. im Bad für ein sehr angenehmes Raumklima sorgt. Den Lehmdekorputz gibt es in 12 attraktiven Farben.

Material	Massivholz Buche
Verwendung	Objekt-, Wohn- und Sportbereich
Besonderheit	Werkseitig fertige Oberflächen (Geölt / Seidenglänzend / Ultramatt lackiert)
Produktbezeichnung	Junckers massives dänisches Parkett
Hersteller	Junckers
	www.junckers.de

Der Ursprung des Unternehmens liegt in den 1930er Jahren. Die Idee eines Försters war, auch aus den kleinen Stämmen im Wald, die sonst nicht weiter genutzt werden konnten, ein verwertbares Produkt zu machen. So entstand damals der Massivholzboden – echte Natur auf dem Boden.

Massivholzböden stehen für Beständigkeit und lange Lebensdauer. Sie zeigen besonders schöne Farben und Maserungen, wie sie nur bei echten Hölzern möglich sind. Die Produktpalette der 100%igen Massivholzböden umfasst u.a. Esche, Merbau, Ahorn, Eiche, Jatoba und pressgetrocknete Buche. Zur Herstellung der Massivparkettdielen werden die handsortierten Stäbe mit einer doppelten Schwalbenschwanzverbindung montiert. Dieses Detail sorgt für Stabilität auch unter hoher Belastung und bei jahreszeitlich bedingten Klimaschwankungen mit unterschiedlichen Temperaturen und Feuchtegraden. Dadurch ist neben dem Einsatz im Objekt- und Wohnbereich sogar die Verwendung als Sportboden möglich.

Material	Rindentuch / Textil aus Baumrinde
Verwendung	Möbel / Mode / Wandbekleidung
Besonderheit	Nass verformbar / Ökologisch
Produktbezeichnung	Bark Cloth / Barktex
Hersteller	Bark Cloth www.barkcloth.de

Das traditionell hergestellte Bastvlies kann auch als das Ur-Vlies der Menschheit betrachtet werden. Es hat seinen Ursprung in Ostafrika, vor allem in Uganda, Ruanda und der Demokratischen Republik Kongo sowie im Südpazifik und in Lateinamerika. Es ist der textilhistorische Vorläufer aller heutigen Non-Woven.

Das Rindentuch – das Tuch vom Baum – ist ein gewachsenes „Textil". Es wird vom Mutuba-Feigenbaum gewonnen. Aus der Rinde eines Baums entsteht genau ein Tuch aus rein pflanzlicher Faser. Alle diese Tücher sind gewachsene Unikate. Kein Tuch gleicht dem anderen, und durch die dreidimensionale Rindenstruktur ergibt sich eine rege Oberfläche. Im Durchschnitt misst ein Tuch ca. 2 x 3 Meter und wird von Hand vom Baum geschält. Es gibt eine große Auswahl an Naturtönen, die von Cremefarben und Ocker über Rehbraun, Orange und Terrakotta bis hin zu Dunkelbraun reichen. Mit zusätzlichen Veredelungstechniken wird z.B. die Scheuerbeständigkeit erhöht oder das Tuch kann schwer entflammbar ausgerüstet werden.

Material	Magnesitgebundener Estrich / Füllstoff Holzmehl / Sägemehl / Quarzsand
Verwendung	Altbausanierung / Neubau / Boden
Besonderheit	Als Verbundestrich auf fast allen Untergründen einsetzbar
Produktbezeichnung	Chinotherm-Bio-Estrich
Hersteller	Chini Fußbodenbau GmbH & Co. KG www.chini.de

Bewusst biologisches Bauen fängt beim Untergrund an, was leider allzu oft missachtet wird. Was bringt ein naturbewusster Umgang mit der Wandfarbe, wenn aus dem Boden ungesunde Dämpfe aufsteigen und das Wohnempfinden negativ beeinflussen? Eine nicht nur ökologisch interessante Alternative zu herkömmlichen Estrichbelägen bietet hier der Bio-Estrich.

Der aus natürlichen Rohstoffen bestehende Estrich eignet sich ideal für die Altbausanierung, da bestehende Böden nicht entsorgt werden müssen, sondern mit dem Produkt nahezu alle Untergründe belegbar sind. Der Estrich besitzt eine gute Wärmespeicherfähigkeit und bietet sich daher als Heizestrich für Energiesparhäuser an. Er ist fugenlos verlegbar, wirkt schalldämpfend, konserviert Holz und trocknet schnell aus. Durch die biologische Zusammensetzung trägt er zu einem gesunden Raumklima bei, und das natürlich auch im Neubau.

3M Deutschland GmbH
Carl-Schurz-Straße 1
D-41453 Neuss
www.DI-NOC.de

A

A.S. Création Tapeten AG
Südstraße 47
D-51645 Gummersbach-Derschlag
www.as-creation.de

Abet GmbH
Füllbuchstraße 189
D-32051 Herford
www.abet.de

Ado Gardinenwerke GmbH & Co. KG
Hüntestraße 68
D-26871 Aschendorf
www.ado-international.com/de

aeronautec GmbH
Gewerbering 7
D-83370 Seeon
www.aeronautec.de

Alcan Singen GmbH
Alusingen-Platz 1
D-78224 Singen/Hohentwiel
www.dibond.com

Amorim Deutschland GmbH & Co.KG - wicanders
Berner Straße 55
D-27751 Delmenhorst
www.wicanders.de

Armstrong Metalldecken AG
Kunklerstraße 9
CH-9015 St. Gallen
www.gema.biz/www.alcarbon.com

B

Bambusfarm
Im Schleifrad 8
D-88299 Leutkirch
www.bambusfarm.de

Bark Cloth
Talhauser Straße 18
D-79285 Ebringen
www.barkcloth.de

Berndt Cleven GmbH & Co. / Longlife Teppichboden
Niedieckstraße 47-49
D-41334 Nettetal
www.longlife-teppichboden.de

Butzbach GmbH
Weiherstraße 16
D-89293 Kellmünz
www.butzbach.com

Betonfußböden Kromer
Richard-Wagner-Straße 26
D-79104 Freiburg
www.kromer-bau.de

Betonlook Deutschland SAS Handelsagentur Ltd.
Mühlenstraße 3
D-25548 Wittenbergen
www.betonlook.de

C

cantera Naturstein / W. Horstmann GmbH
Adplph-Brosnag-Straße 32-34
D-31515 Wunstorf
www.cantera.de

Caparol Farben Lacke Bautenschutz
Roßdörfer Straße 50
Industriegebiet 1
D-64372 Ober-Ramstadt
www.caparol.de

Ceno Tec GmbH
Am Eggenkamp 14
D-48268 Greven
www.ceno-tec.de

CHINI GmbH & Co. KG
Ludwig-Jahn-Straße 25
D-72250 Freudenstadt
www.chini.de

CLAYTEC e. K.
Nettetaler Straße 113
D-41751 Viersen
www.claytec.de

Colfirmit Rajasil GmbH & Co. KG
Thölauer Straße 25
D-95615 Marktredwitz
www.colfirmit.de

Création Baumann GmbH
Paul-Ehrlich-Straße 7
D-63111 Dietzenbach
www.creationbaumann.com

D

Degussa Röhm GmbH & Co. KG
Kirschenallee
D-64293 Darmstadt
www.plexiglas.de

Dekodur GmbH & Co. KG
Langenthaler Straße 4
D-69434 Hirschhorn/Neckar
www.dekodur.com

Design Composite GmbH
Klausgasse 32
A-5730 Mittersill
www.design-composite.com

Design For Metal
Damaschkestraße 4
D-10711 Berlin
www.formetal.de

Deutsche Heraklith GmbH
Heraklithstraße 8
D-84359 Simbach am Inn
www.heraklith.de

Drapilux GmbH
Hansestraße 87
D-48282 Emsdetten
www.drapilux.com

E

EGGER Holzwerkstoffe Brilon GmbH & Co. KG
Im Kissen 19
D-59929 Brilon
www.egger.de

Emco Bau- und Klimatechnik GmbH & Co. KG
Breslauer Straße 34-38
D-49808 Lingen
www.emco-bau.de

Eternit AG
Ernst-Reuter-Platz 8
D-10587 Berlin
www.eternit.de

F

farbrat eG.
Kölner Straße 36
D-70376 Stuttgart
www.farbrat.de

Fiberline Composites A/S
Nr. Bjertvej 88
DK-6000 Kolding
www.fiberline.de

Filzfabrik Fulda GmbH & Co. KG
Frankfurter Straße 62
D-36035 Fulda
www.fff-fulda.de

Franken-Schotter GmbH & Co. KG
Hungerbachtal 1
D-91757 Treuchtlingen-Dietfurt
www.franken-schotter.de

Frenzelit Werke GmbH & Co.
Industriestraße 4
D-95502 Himmelkron
www.frenzelit.com

Fritz Becker KG
Am Königsfeld 15
D-33034 Brakel
www.becker-kg.de

G

G+B pronova GmbH
Lustheide 85
D-51427 Bergisch Gladbach
www.holopro.de

GEOtec Zeichen- und Kunststofftechnik GmbH
Jakob-Prandtauer-Straße 1
A-6300 Wörgl
www.geotec-at.com

GIRLOON GmbH & Co. KG
Daimlerstraße 8-12
D-33442 Herzebrock
www.girloon.de

GKD - Gebr. Kufferath AG
Metallweberstraße 46
D-52353 Düren
www.creativeweave.de

Glas Trösch Beratungs-GmbH
Benzstraße 13
D-89079 Ulm-Donautal
www.glastroesch.de

GlassX AG
Technoparkstraße 1
CH-8005 Zürich
www.glassx.ch

Graniti Fiandre
Arnulf-Klett-Platz 7
D-70173 Stuttgart
www.granitifiandre.com

Grassi Pietre Srl
Via Madonetta 2
I-36024 Nanto (VI)
www.grassipietre.it

Gutta Werke GmbH
Bahnhofstraße 51-57
D-77746 Schutterwald
www.gutta.com

H

HALE GmbH
Brandmühlestraße 2
A-4541 Adlwang
www.glass-inspiration.com

Halusite GmbH
Wischhöfers Weg 6-7
D-31515 Wunstorf (Großenheidorn)
www.halusite.de

Harlequin Europe SA
29 rue Notre-Dame
L-2240 Luxembourg
www.harlequinfloors.com

HeidelbergCement AG
Berliner Straße 6
D-69120 Heidelberg
www.luccon.de
www.heidelbergcement.de

Heinrich Quirrenbach Naturstein Produktions- und Vertriebs GmbH
Eremitage 6
D-51789 Lindlar
www.quirrenbach.de

Holztechnik Schröder GmbH & Co. KG
Preußweg 6
D-44328 Dortmund
www.holztechnik-schroeder.de

I

INOX-COLOR GmbH & Co. KG
Postfach 1352
D-74725 Walldürn
www.inox-color.com

Isolar Glas GmbH
Auf der Mauer 13
D-55481 Kirchberg
www.isolar.de

J

J.A.Molfenter GmbH & Co. KG
Blaubeurer Straße 82
D-89077 Ulm
www.moco.de

JAB Josef Anstoetz KG
Potsdamer Straße 160
D-33719 Bielefeld
www.jab.de

Joh. Sprinz GmbH & Co. KG
Lagerstraße 13
D-88287 Grünkraut-Gullen
www.glas-sprinz.de

Junckers Parkett GmbH
Halskestraße 23
D-40880 Ratingen
www.junckers.de

K

KauPo Plankenhorn e.K.
Max-Planck-Straße 9/3
D-78549 Spaichingen
www.kaupo.de

Keimfarben GmbH & Co.KG
Keimstraße 16
D-86420 Diedorf
www.keimfarben.de

Kerapid Krüger und Schütte KG
Marheinekestraße 21
D-31134 Hildesheim
www.kerapid.de

Kinnasand GmbH
Danziger Straße 6
D-26655 Westerstede
www.kinnasand.de

Klöpferholz GmbH & Co. KG
Schleißheimer Straße 104
D-85748 Garching
www.kloepferholz.de

KME Europa Metal AG
Klosterstraße 29
D-49074 Osnabrück
www.thecopperlink.com

Knauf Gips KG
Am Bahnhof 7
D-97346 Iphofen
www.knauf.de

Konrad Hornschuch AG
Salinenstraße 1
D-74679 Weißbach
www.hornschuch.de

Kremer Pigmente GmbH & Co. KG
Hauptstraße 41 - 47
D-88317 Aichstetten/Allgäu
www.kremer-pigmente.de

L

Lafarge Zement GmbH
Straße der Einheit 25
D-06638 Karsdorf
www.lafarge-zement.de

Ledano & Cartioni
Florastraße 101
D-47799 Krefeld
www.ledano.de

LIGNOTREND Produktions GmbH
Landstraße 25
D-79809 Weilheim-Bannholz
www.lignotrend.de

Limeparts
GZ-Zone 8, Oosterring 21
B-3600 Genk
www.limeparts.be

Liqmet-Europe
Untere Lußstraße 27
D-88271 Wilhelmsdorf
www.liqmet-europe.com

Locatelli Italia S.r.l.
Via Volturno 72
I-20035 Lissone
www.locatelli-italia.it

Lydia in St. Petersburg
c/o Burg Giebichenstein
Neuwerk 7
D-06108 Halle/Saale
www.lydia-stpetersburg.de

M

M & K Filze GmbH
Gewerbepark Hügelmühle
D-91174 Spalt
www.filzfabrik.de

Maier Glas GmbH
Badenbergstraße 36
D-89520 Heidenheim
www.maier-glas.de

Mayser GmbH & Co. KG
Bismarckstraße 2
D-88161 Lindenberg

MC-Bauchemie Müller GmbH & Co. KG
Am Kruppwald 1-8
D-46238 Bottrop
www.mc-bauchemie.de

Mehler Texnologies GmbH
Rheinstraße 11
D-41836 Hückelhoven
www.mehler-texnologies.de

Mendiger Basalt GmbH & Co. KG
Ernst-Abbe-Straße 2
D-56743 Mendig
www.mendiger-basalt.de

Menotti Parkett GmbH
Hertichstraße 88
D-71229 Leonberg
www.menottiparkett.de

MirageGranito Ceramico
Via Giardini Nord 225
I-41026 Pavullo
www.mirage.it

Moradelli GmbH
Daimlerstraße 1
D-85551 Kirchheim
www.moradelli.de

MS Know How GmbH
Badenerstraße 701
CH-8048 Zürich
www.msknowhow.com

N

Nimbus GmbH/Rosso Objekte
Sieglestraße 41
D-70469 Stuttgart
www.nimbus-design.com
www.rosso-objekte.com

nya nordiska textiles gmbh
An den Ratswiesen 4
D-29451 Dannenberg
www.nya-nordiska.de

O

Object Carpet GmbH
Rechbergstraße 19
D-73770 Denkendorf
www.object-carpet.de

OBJECTILE Diffusion
9/11 rue de l'Armée d'Orient
F-75018 Paris
www.objectilediffusion.com

OKALUX GmbH
Am Jöspershecklein 1
D-97828 Marktheidenfeld
www.okalux.de

P

P + R Concept
Große Elbstraße 281
D-22767 Hamburg
www.magnetfarbe.de

Polymer Kunststoffe GmbH
Lustgartenstraße 107
D-79576 Weil am Rhein
www.polymergmbh.de

PPS Imaging GmbH
Rotebühlstraße 115A
D-70178 Stuttgart
www.pps-imaging.de

pro-ambiente e.K.
Am Rosskamp 4
D-40668 Meerbusch
www.pro-ambiente.de

Project Floors GmbH
Kalscheurener Straße 19
D-50354 Hürth
www.project-floors.com

Promesh GmbH
Goldshaldenstraße 20
D-75417 Mühlacker
www.alphamesh.de

R

Ramseier Woodcoat AG
Tempelstraße 10
CH-3608O Thun
www.woodcoat.ch

REHOLZ GmbH
Sachsenallee 11
D-01723 Kesselsdorf
www.reholz.de

Rheinzink GmbH & Co. KG
Bahnhofstraße 90
D-45711 Datteln
www.rheinzink.de

Richter Furniertechnik GmbH & Co. KG
Wallenbrücker Straße 85
D-49326 Melle / St. Annen
www.richter-furniertechnik.de

Rieder Faserbeton-Elemente GmbH
Mühlenweg 22
A-5751 Maishofen
www.rieder.cc

Röber GmbH
Gewerbestraße 11
D-57612 Kroppach / WW
www.roeber-collection.com

Röchling Engineering Plastics KG
Röchlingstraße 1
D-49733 Haren
www.roechling-plastics.com

RODECA GmbH
Freiherr-vom-Stein-Straße 165
D-45473 Mülheim a. d. Ruhr
www.rodeca.de

Rosskopf & Partner AG
Neesbacher Straße 25
D-65597 Hünfelden-Dauborn
www.rosskopf-partner.com

Ruckstuhl AG
Kernerplatz 2
D-70182 Stuttgart
www.ruckstuhl.com

S

Schott AG
Hüttenstraße 1
D-31073 Grünenplan
www.schott.com

Seele GmbH & Co. KG
Gutenbergstraße 19
D-86368 Gersthofen
www.seele-web.com

Settecento ceramica d´arte
Via del Crociale 21
I-41042 Fiorano Modenese
www.settecento.com

Sto AG
Ehrenbachstraße 1
D-79780 Stühlingen
www.stoclimasancolor.de

U

UBOR
Merziner Straße 45a
D-06366 Köthen
www.ubor.net

V

Vergoldermeister M.Scherer-Metzler
Draisstraße 2
D-76571 Gaggenau

VIA Finest Tiles
Schiefermahlwerk
D-56349 Kaub am Rhein
www.zementmosaikplatten.de

Villa Rocca OHG
Auerstraße 6
D-79108 Freiburg
www.villarocca.de

VILLI® Glas GmbH
Sittersdorf 42
A-9133 Miklauzhof
www.villiglas.at

W

Wacotech GmbH & Co. KG
Querstraße 7
D-33729 Bielefeld
www.wacotech.de

Wedi GmbH
Kolpingstraße 52-54
D-48282 Emsdetten
www.wedi.de

Werkstoff Verbund Systeme GmbH
Erlenweg 15
D-88410 Bad Wurzach
www.wvs-ostrowski.de

WERZALIT GmbH & Co. KG
Gronauer Straße 70
D-71720 Oberstenfeld
www.werzalit.de

Westag & Getalit AG
Hellweg 21
D-33378 Rheda-Wiedenbrück
www.westag-getalit.de

Wilhelm Geiger GmbH & Co. KG
Wilhelm-Geiger-Straße 1
D-87561 Oberstdorf
www.w-geiger.de

Willi Kirsch GmbH & Co. KG
Alexander-Schmorell-Straße 7
D-82031 Grünwald
www.leder-kirsch.de

Witex International Flooring GmbH
Nord-West-Ring 21
D-32832 Augustdorf
www.witex.com

Woodtrade F. Hecht GmbH
Vorderbergstraße 1
D-97828 Marktheidenfeld
www.woodtrade-svl.com

018 raumPROBE
019 Lafarge Zement
020 raumPROBE
021 Object Carpet
022 raumPROBE
023 Harlequin Europe
024 raumPROBE
025 A.S. Création
026 raumPROBE
027 MS Know How
028 raumPROBE
029 Westag & Getalit AG „Messestand Modular"
030 Villi Glas
031 Villi Glas
032 raumPROBE
033 Degussa Röhm
034 raumPROBE
035 Inox Color
036 raumPROBE
037 Alcan Singen GmbH
038 raumPROBE
039 SMP Playgrounds 2007 www.smp.co.uk
040 raumPROBE
041 M&K Filze
042 raumPROBE
043 Caparol
046 Konrad Hornschuch
047 Konrad Hornschuch
048 raumPROBE
049 Deutsche Heraklith
050 raumPROBE
051 Frenzelit Werke
052 raumPROBE
053 Sto AG
054 raumPROBE
055 Amorim Wicanders
056 raumPROBE
057 Drapilux
058 raumPROBE
059 Creation Baumann
060 raumPROBE
061 Longlife Teppichboden
062 raumPROBE
063 Isolar Glas
064 Nimbus
065 Nimbus
066 raumPROBE
067 Gutta
068 GlassX
069 GlassX
070 GKD
071 GKD
072 raumPROBE
073 Woodtrade
074 raumPROBE
075 Schott
078 raumPROBE
079 Grassipietre
080 raumPROBE
081 www.die photodesigner.de Architekt: dan pearlman
082 raumPROBE
083 Bambusfarm
084 raumPROBE
085 Emco
086 raumPROBE
087 Filzfarbik Fulda
088 raumPROBE
089 Werzalit
090 raumPROBE
091 Graniti Fiandre
092 raumPROBE
093 Project Floors
094 raumPROBE
095 Girloon
096 Menotti Parkett
097 Menotti Parkett
100 raumPROBE
101 G + B Pronova
102 raumPROBE
103 Glas Trösch
104 raumPROBE
105 GEOtec
106 HeidelbergCement Bench Shop, Berlin
107 HeidelbergCement Bench Shop, Berlin
108 raumPROBE
109 Polymer Kunststoffe
110 raumPROBE
111 Seele
112 raumPROBE
113 Röber
114 Mehler Texnologies
115 Mehler Texnologies
116 raumPROBE
117 Halusite
118 raumPROBE
119 Rodeca
122 raumPROBE
123 Nya Nordiska
124 Egger
125 Egger
126 raumPROBE
127 WVS oder Dan Pearlman
128 raumPROBE
129 Aeronautec
130 raumPROBE
131 Kunststoffe Dattenberg
132 Julia Teine
133 Ado
134 raumPROBE
135 Fiberline
136 raumPROBE
137 CenoTec
138 raumPROBE
139 Pro Ambiente
140 Kinnasand
141 Kinnasand
142 Julia Teine
143 Richter Furniertechnik
146 raumPROBE
147 Moradelli Lochbleche
148 raumPROBE
149 Ledano
150 JAB Josef Anstoetz
151 JAB Josef Anstoetz
152 raumPROBE
153 Rieder
154 raumPROBE
155 Locatelli
156 raumPROBE
157 Via
158 Wedi
159 Wedi
160 raumPROBE
161 Foto: Lignotrend Planung: Roland Scharr
162 raumPROBE
163 raumPROBE
164 raumPROBE
165 Abet GmbH
166 Julia Teine
167 Lydia in St. Petersburg
168 Julia Teine
169 Reholz
170 raumPROBE
171 Design for metal
172 raumPROBE
173 Planung: Tobias Rehberger
176 Promesh
177 Promesh
178 raumPROBE
179 Armstrong
180 raumPROBE
181 Villa Rocca
182 raumPROBE
183 Dekodur
184 raumPROBE
185 Design Composite
186 raumPROBE
187 Cantera
188 raumPROBE
189 Hale
190 raumPROBE
191 3M Deutschland
192 raumPROBE
193 „Credo" Messestand spek design Stuttgart
194 Franken Schotter
195 Franken Schotter
196 raumPROBE
197 Objectile Diffusion
198 Settecento
199 Settecento
200 raumPROBE
201 Hans Schröder GmbH
202 raumPROBE
203 Mirage
206 raumPROBE
207 Friedrich Busem
208 raumPROBE
209 Kremer Pigmente
210 raumPROBE
211 www.diephotodesigner.de Rosskopf und Partner AG
212 MC Bauchemie
213 MC Bauchemie
214 raumPROBE
215 Farbrat
216 raumPROBE
217 P+R Concept
218 Wilhelm Geiger GmbH
219 Wilhelm Geiger GmbH
220 raumPROBE
221 Kerapid
222 Foto: Laminam Klöpferholz GmbH
223 Foto: Laminam Klöpferholz GmbH
224 Knauf Gips KG
225 Knauf Gips KG
226 Vergoldermeisterbetrieb Scherer-Metzeler
227 Vergoldermeisterbetrieb Scherer-Metzeler
228 Betonlook
229 Armani Amsterdam Architekt: Pete Boon
232 raumPROBE
233 Liqmet-Europe
234 Julia Teine
235 Ramseier Woodcoat AG
236 raumPROBE
237 InterContinental Resort (Berchtesgaden) Planungsbüro Prof. Kolhoff (Berlin) Foto: Susanne Wegner (Stuttgart)
238 raumPROBE
239 Fritz Becker KG
240 MC-Bauchemie
241 MC-Bauchemie
242 raumPROBE
243 Design by Shigeru Ban Architects (Tokyo)
244 raumPROBE
245 KM Europa Metal AG
246 raumPROBE
247 Ulf Borutzky
248 raumPROBE
249 Mendiger Basalt
250 raumPROBE
251 J.A. Molfenter GmbH
252 raumPROBE
253 Joh. Sprinz GmbH
254 raumPROBE
255 Martin van Tricht, Limeparts
256 raumPROBE
257 Eternit AG
258 raumPROBE
259 Rheinzink
262 raumPROBE
263 Okalux GmbH
264 Claytec
265 Claytec
266 raumPROBE
267 Heinrich Quirrenbach GmbH
268 Julia Teine
269 Ruckstuhl GmbH
270 raumPROBE
271 Colfirmit Rajasil GmbH
272 raumPROBE
273 Junckers
274 raumPROBE
275 Planlicht
276 raumPROBE
277 Chini Fussbodenbau

NACHWORT

Ermöglicht wurde das Buch erst durch die Erfahrungen und Kontakte, die mit der Materialagentur raumPROBE entstanden und gewachsen sind. In zahlreichen Gesprächen ist das Konzept gereift und der Grundgedanke entstanden, die vorgestellten Materialien mit praktischen Anwendungsbeispielen zu kombinieren, um die Materialmuster möglichst gut „begreifen" zu können. Im Laufe des Projektes hat sich das Vorgehen als richtig erwiesen, da der Leser anhand der Beispiele einen besseren Eindruck der Materialien erhält. Allerdings setzen die neuesten Entwicklungen diesem Konzept auch Grenzen – je neuer ein Material, umso höher ist die Wahrscheinlichkeit, dass noch keine Anwendungsbeispiele existieren.

Es war mir persönlich wichtig, ein Buch zu schreiben, in dem nicht die neuesten Entwicklungsergebnisse der Forschung vorgestellt werden, sondern Materialentwicklungen darzustellen, die serienreif sind. So finden sich auch „alte" Materialien wieder, welche z.B. durch neue und innovative Bearbeitungstechniken veredelt werden oder die in Vergessenheit geraten sind und jetzt aufgrund ihrer Optik und Eigenschaften wiederentdeckt werden.

Die intensive Auseinandersetzung mit Materialien ist eine wunderschöne Passion. Ich hoffe, das Buch vermittelt dem geneigten Leser etwas von der Leidenschaft und Faszination, die Materialien ausüben, und regt zum kreativen Umgang mit den zahlreichen Entwicklungen und Klassikern an.

DANK

Mein besonderer Dank gilt folgenden Personen, ohne deren Einsatz das Buch in dieser Form nicht zustande gekommen wäre:

Für viele Recherchen, Telefonate und das Engagement:
Christiane Müller-Bühl und das Team von raumPROBE

Für das fotografische Auge bei den Musterfotos:
Julia Teine Photografie & Design
Joachim Stumpp, raumPROBE

Für die inhaltliche und grafische Freiheit:
Tina Freitag, Callwey

Für die frische Grafik und das reduzierte Layout:
Claudia Miller, Linie-2
Christiane-Müller Bühl, raumPROBE

Für die konzeptionelle Unterstützung und das Lektorat:
Annette Galinski, architekturtext

Für das Vorwort, das gelungen in das Thema einführt:
Stefan Brodbeck, brodbeck design

Für die Materialmuster und das Bildmaterial:
Allen beteiligten Herstellern, Büros und Fotografen

HANNES BÄUERLE

Hannes Bäuerle, geboren 1974, ist Diplom-Ingenieur und seit fünf Jahren Inhaber eines Planungsbüros für Innenarchitektur und Grafik.
2005 hat er gemeinsam mit dem Architekten Joachim Stumpp die Materialagentur raumPROBE gegründet.

Streitfeldstraße 35
81673 München
www.callwey.de
E-Mail: buch@callwey.de

Die Deutsche Bibliothek verzeichnet diese Publikation in der Deutschen Nationalbibliografie; detaillierte bibliografische Daten sind im Internet über <http://dnb.ddb.de> abrufbar.

ISBN 978-3-7667-1709-2

Lektorat:
architekturtext, Annette Galinski
Layout und Satz:
Linie-2, Claudia Miller
raumPROBE, Christiane Müller-Bühl
Umschlag:
Linie-2, Claudia Miller
raumPROBE

Printed in Germany 2007